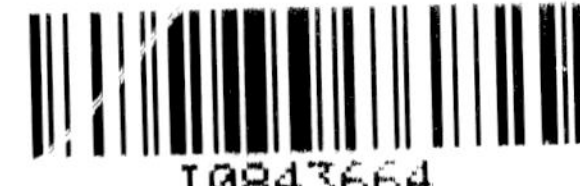

I0843664

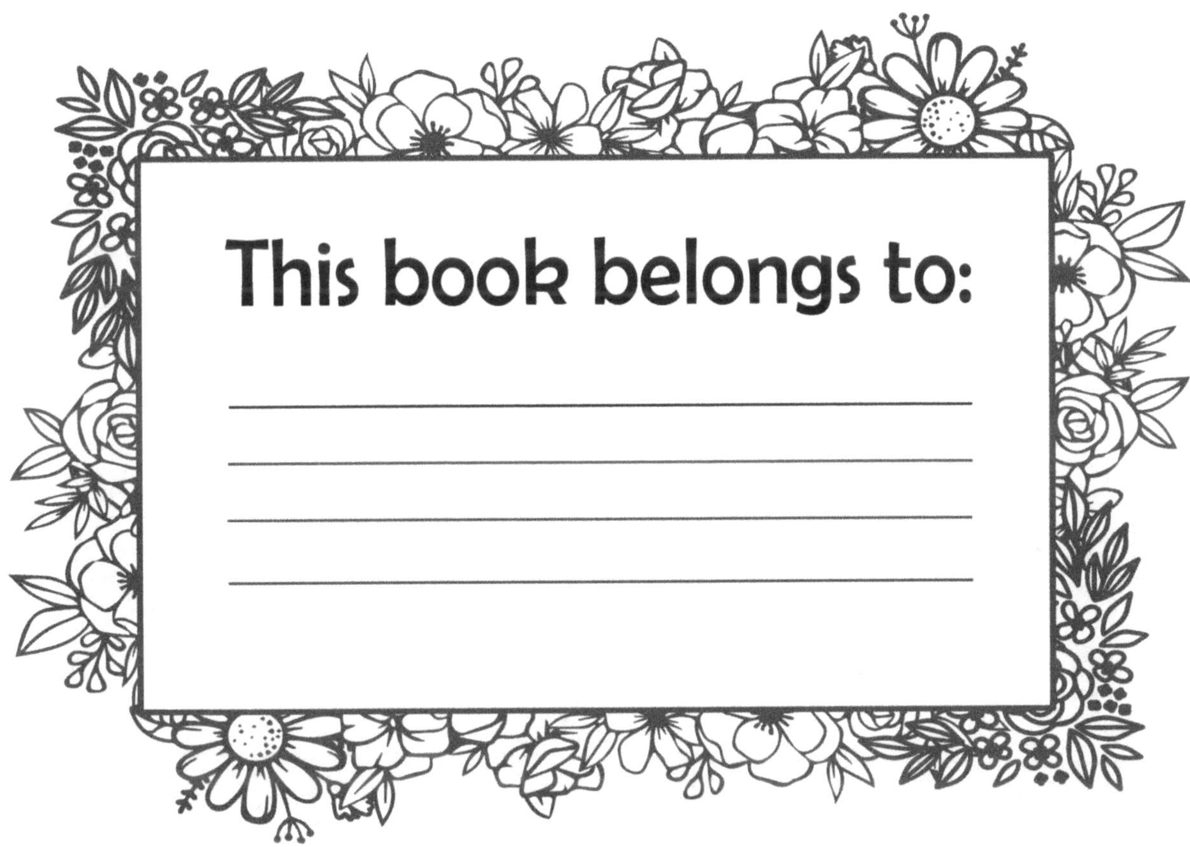

This book belongs to:

COLOR TEST PAGE

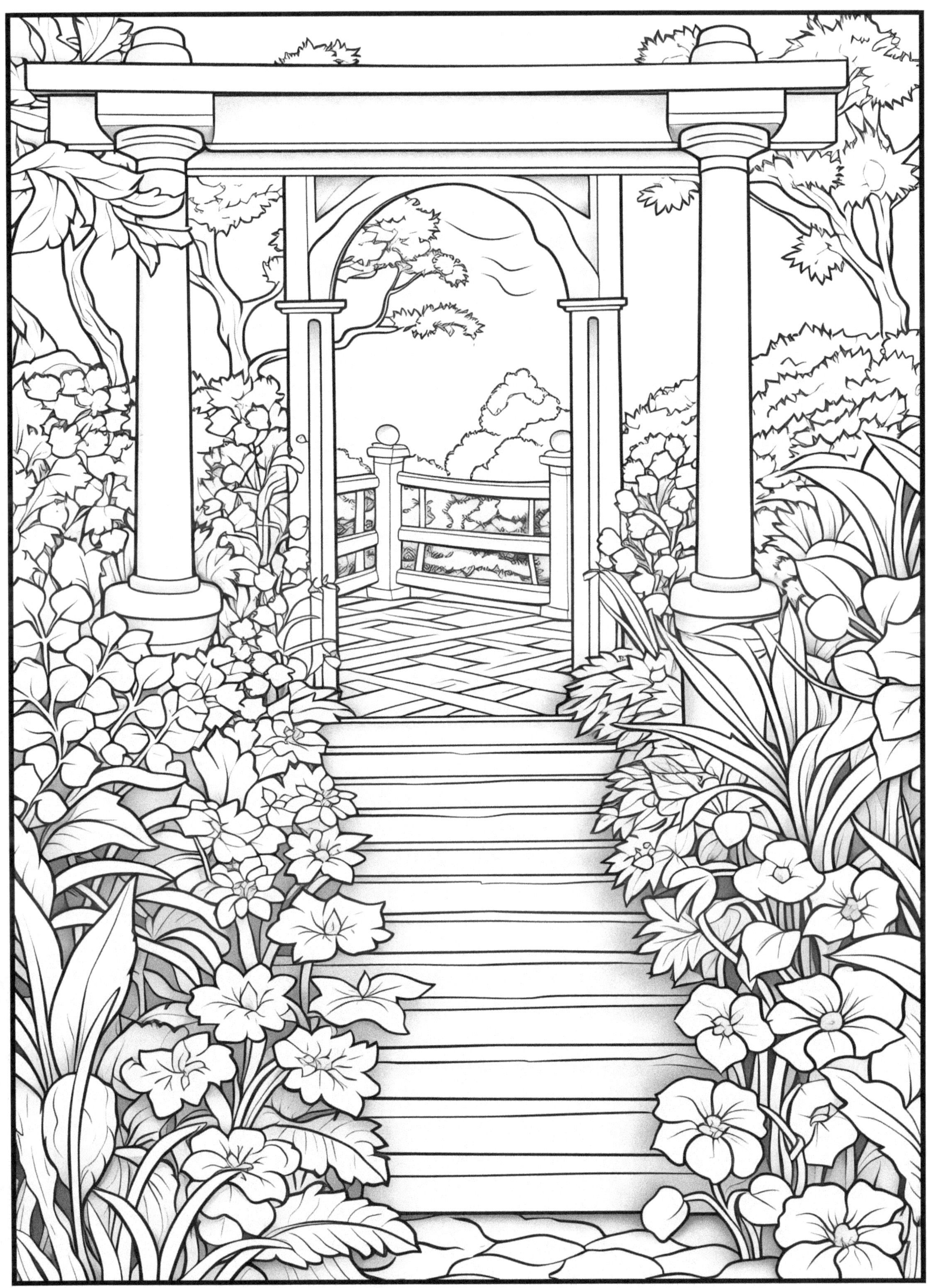

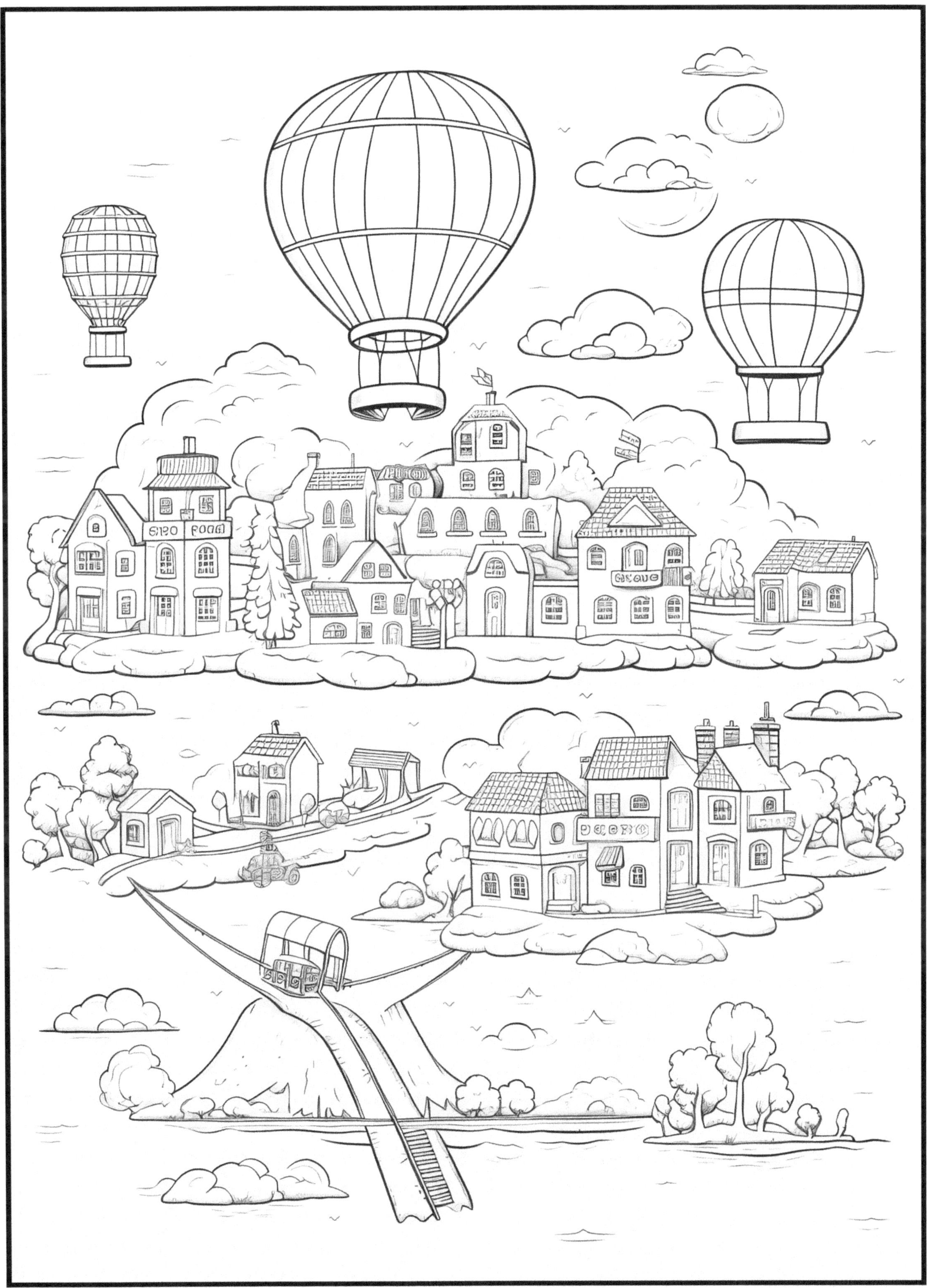

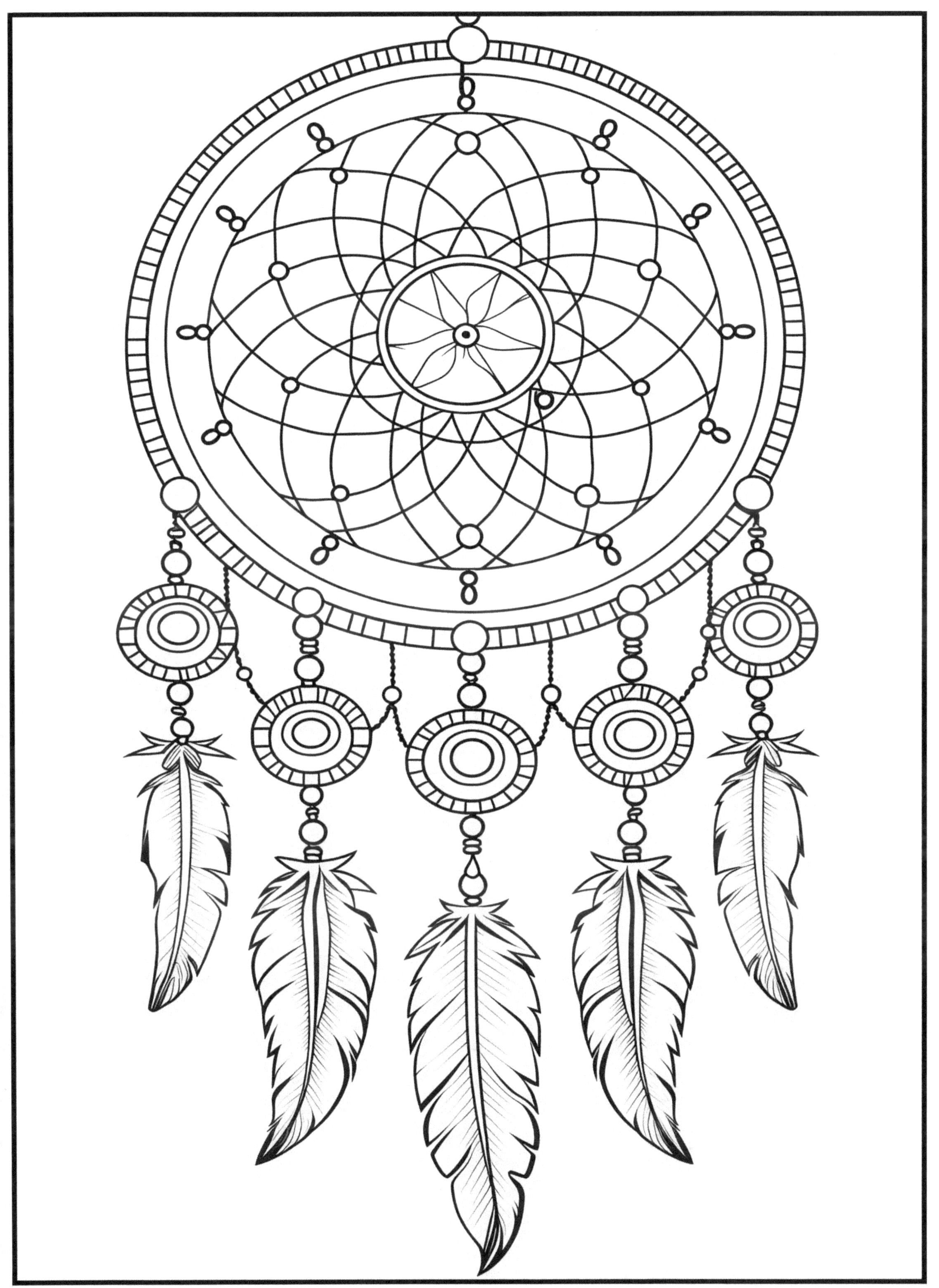

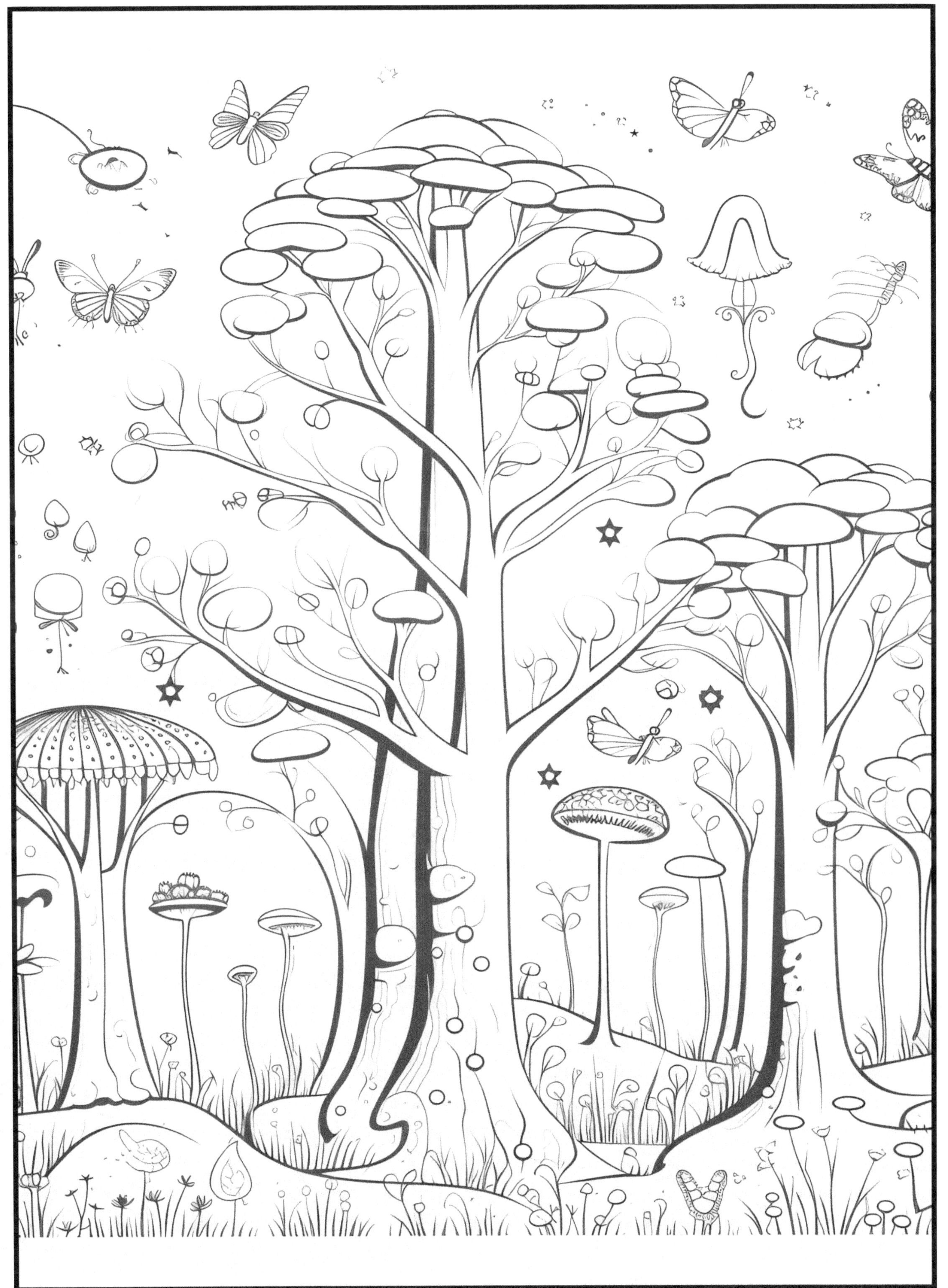

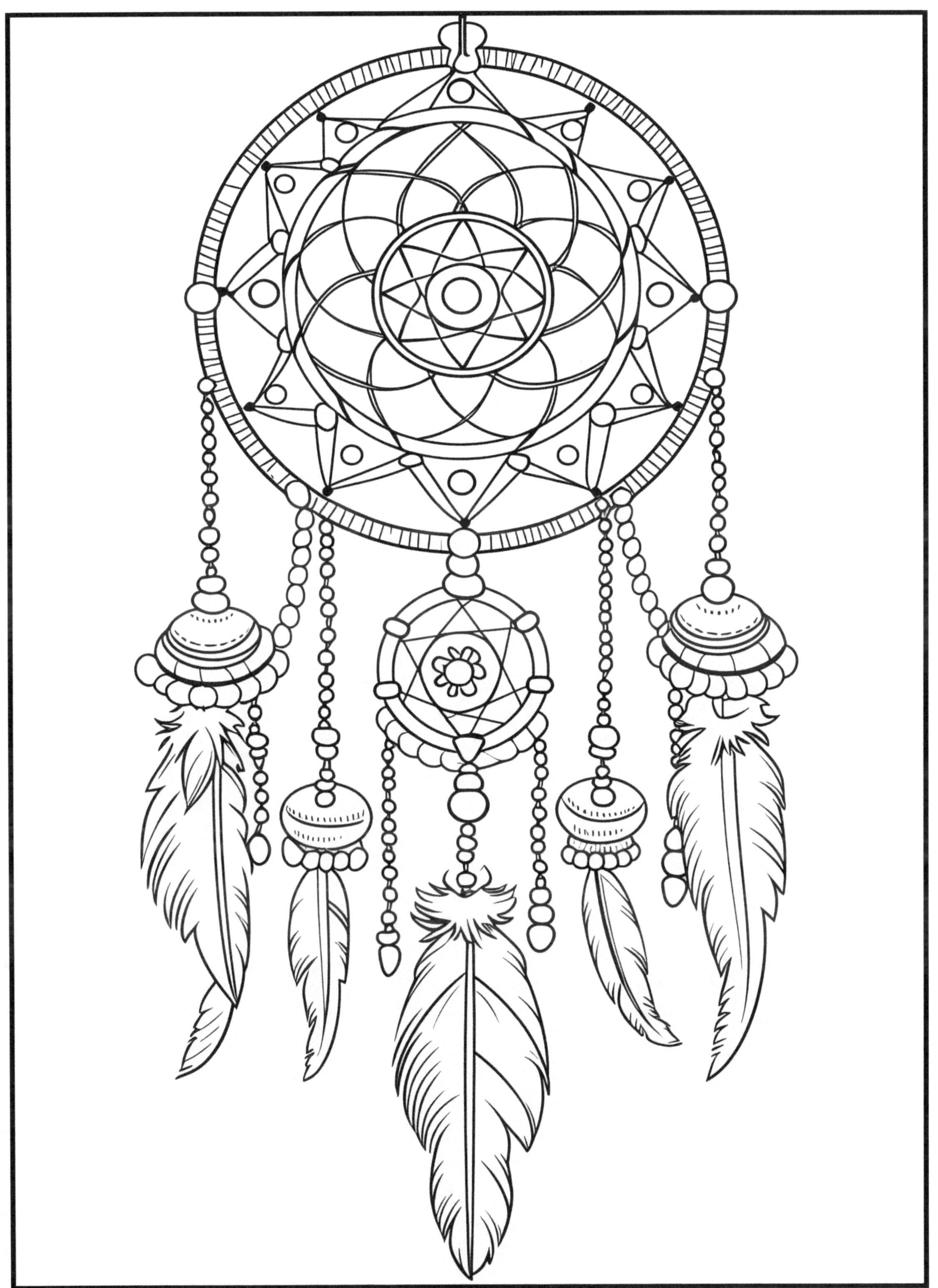

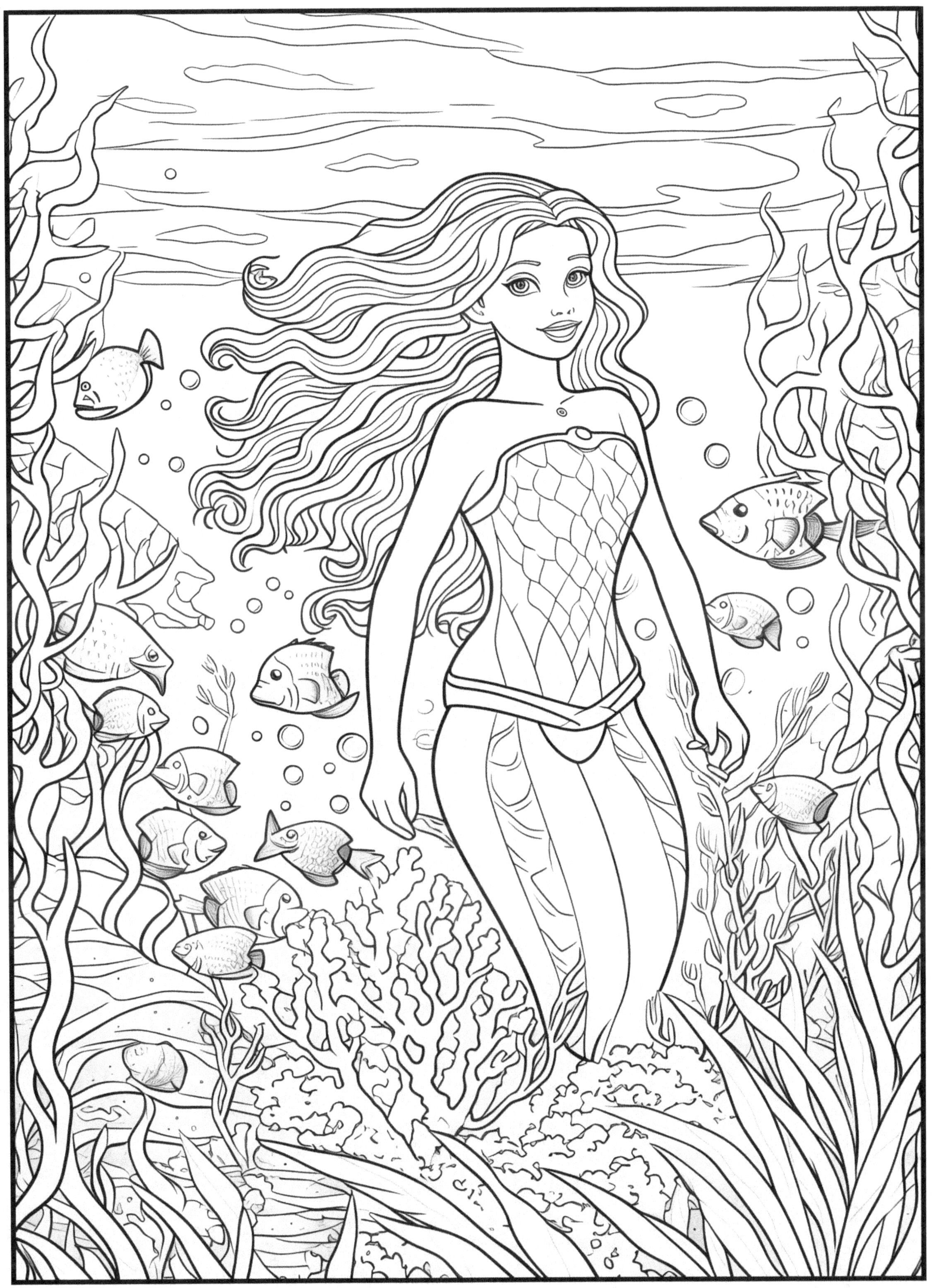

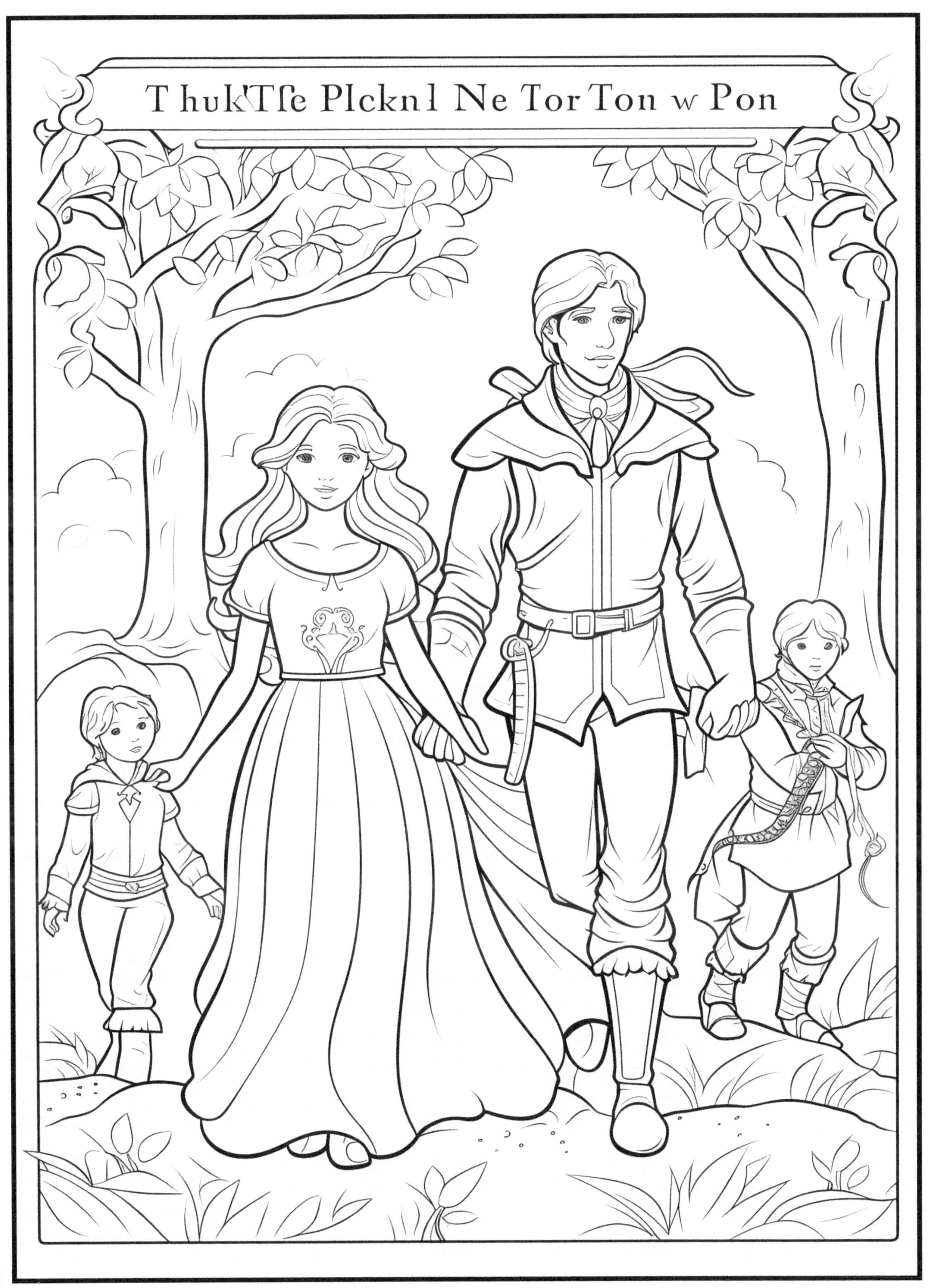

Thuk'Tſe Plcknl Ne Tor Ton w Pon

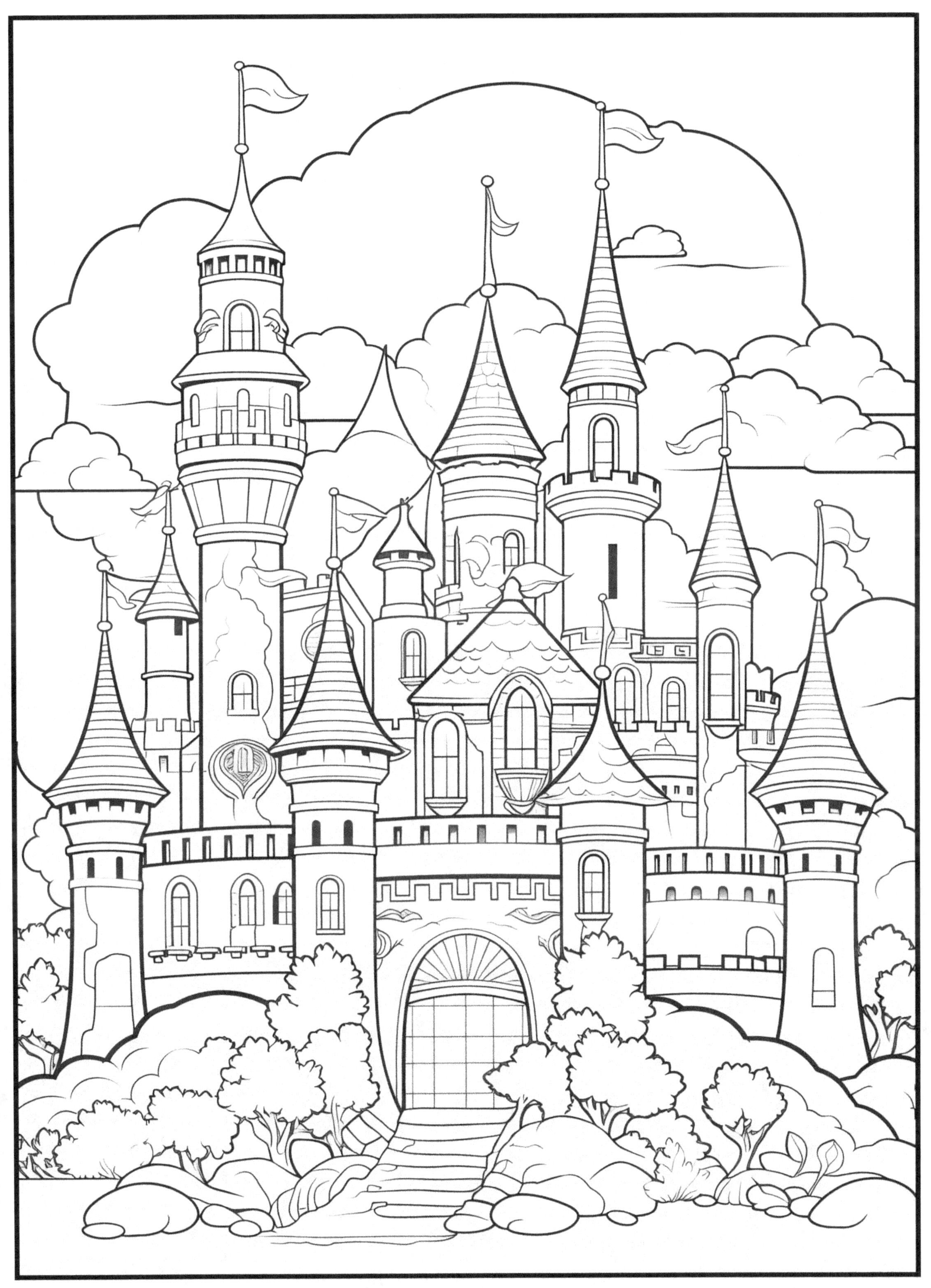

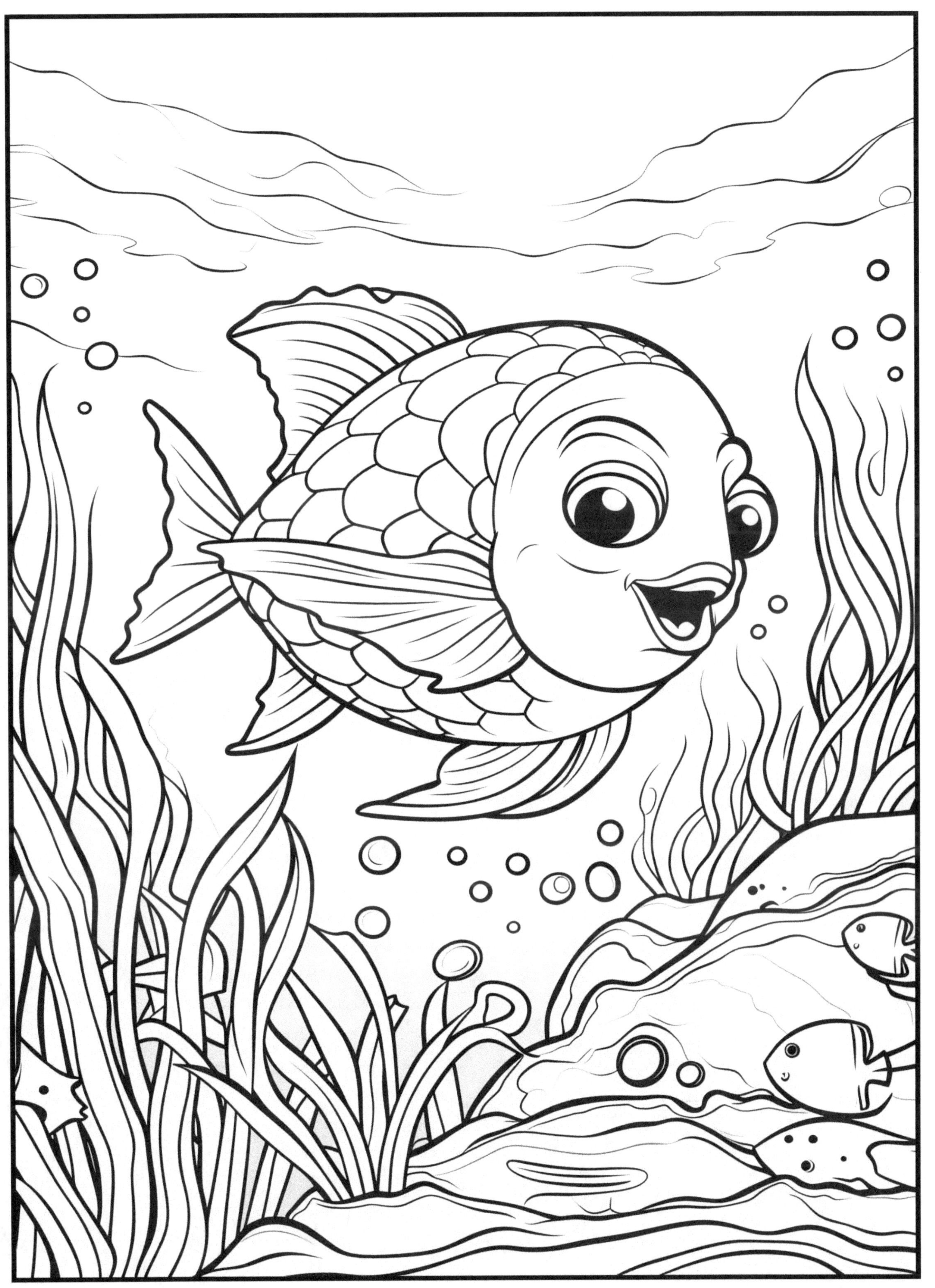

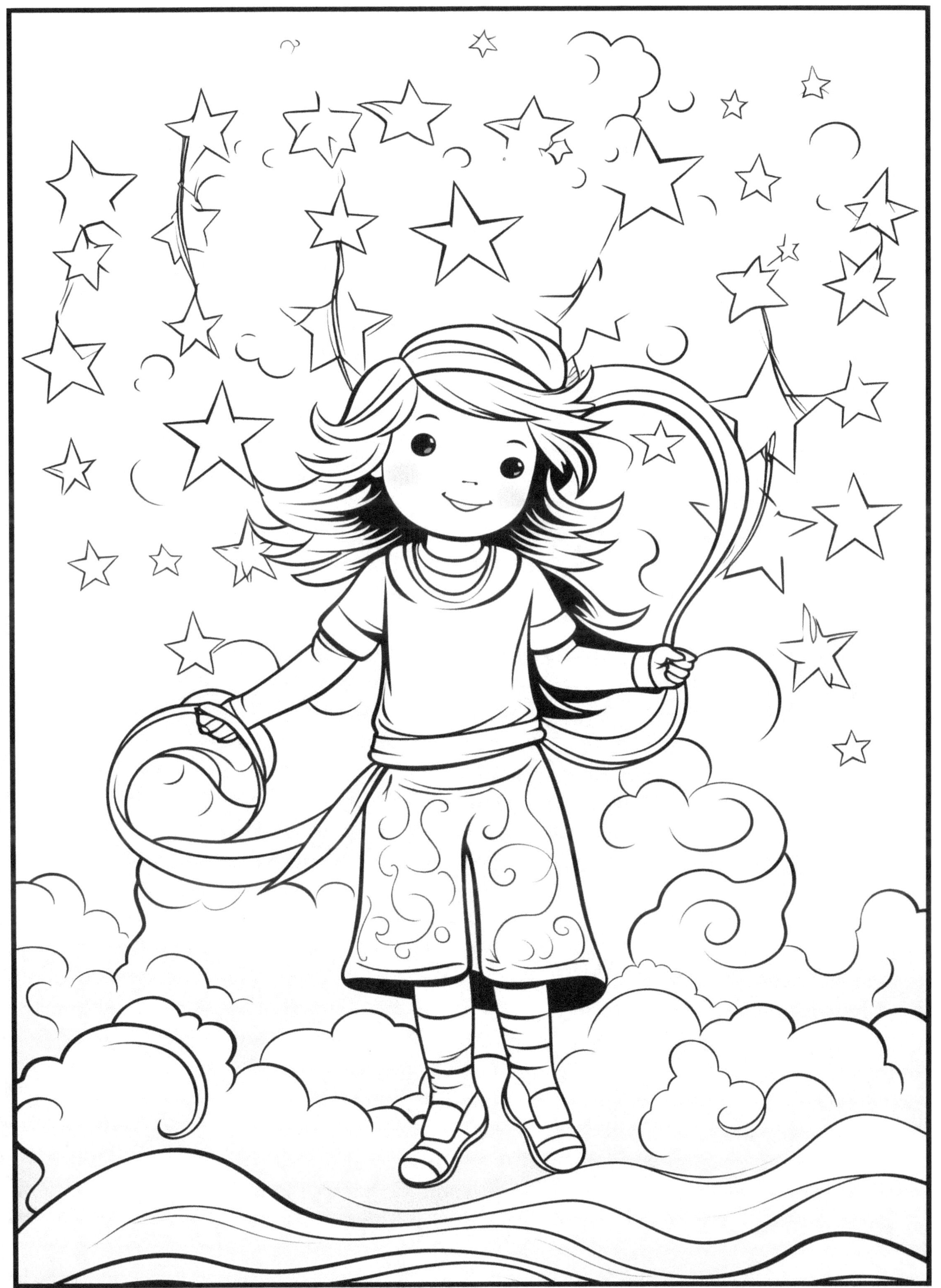

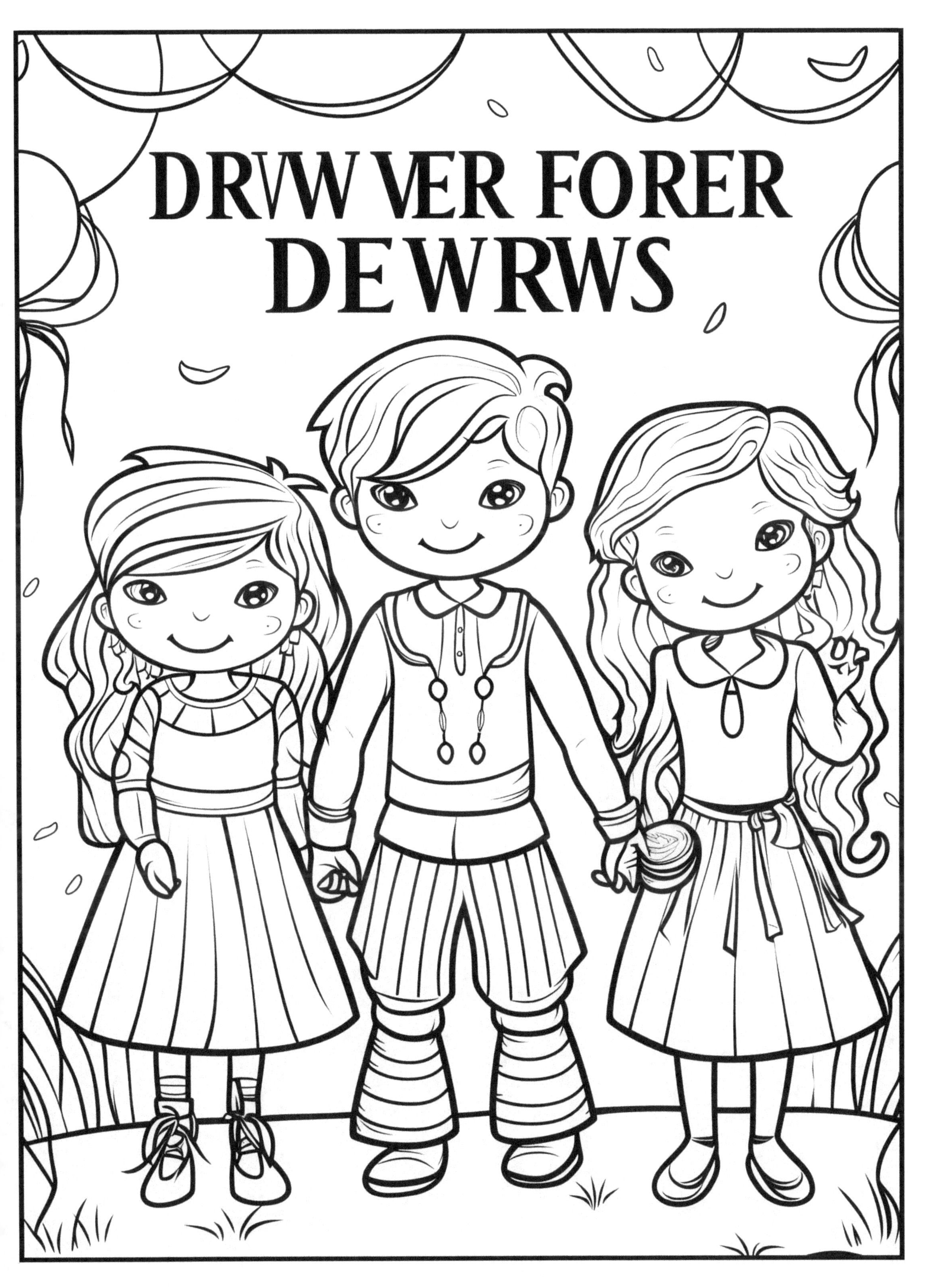
DRVW VER FORER
DEWRWS

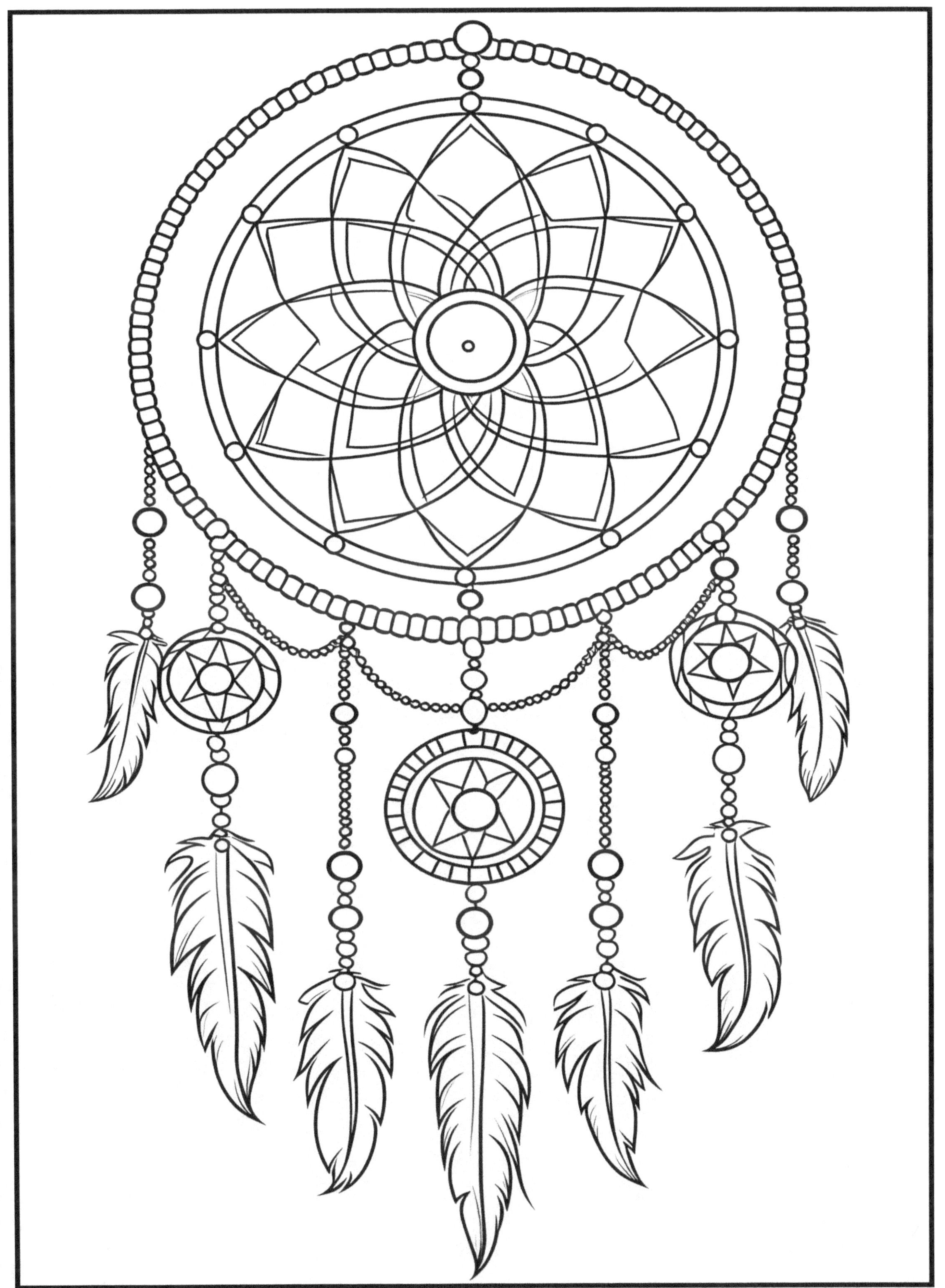

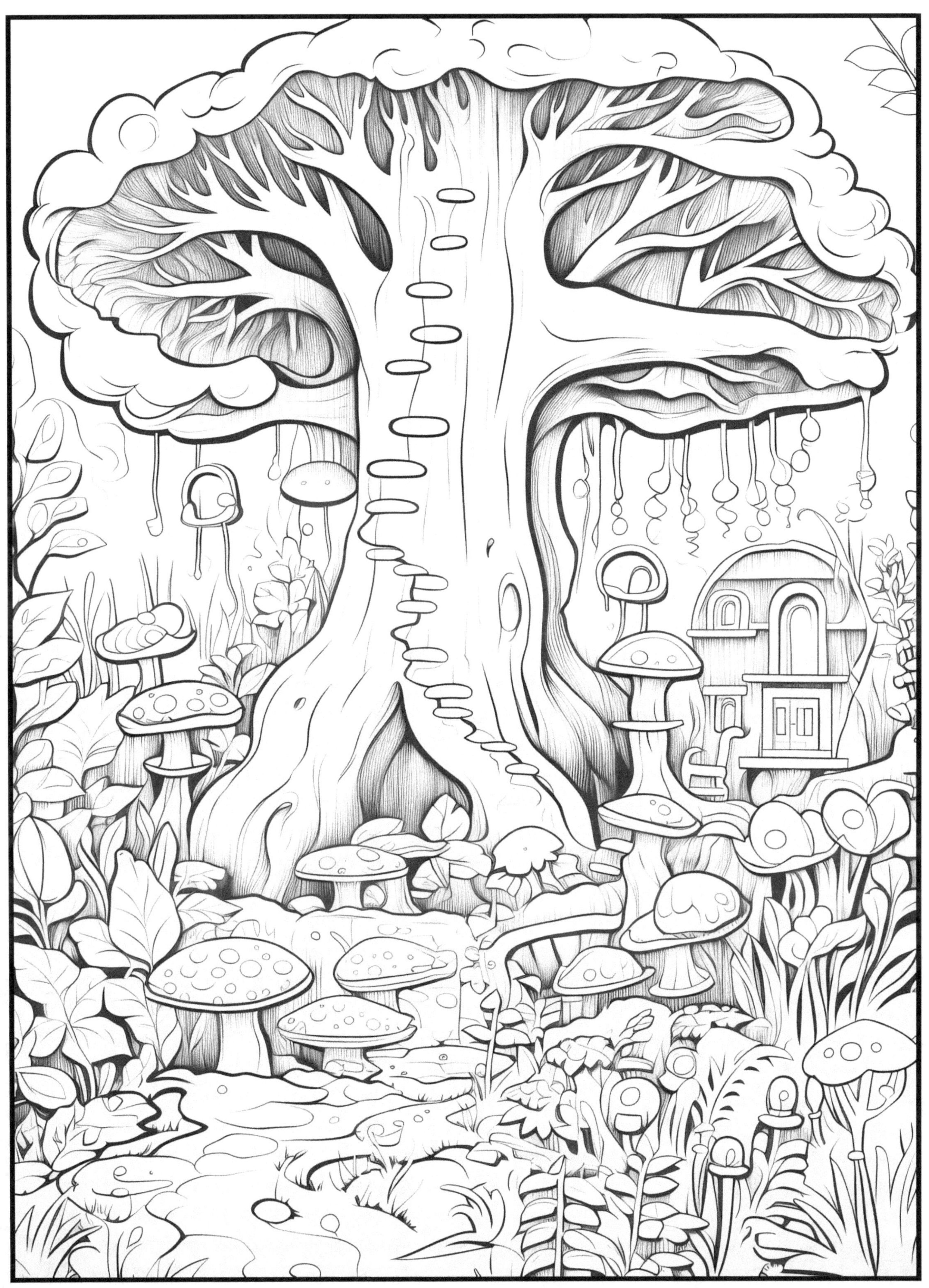

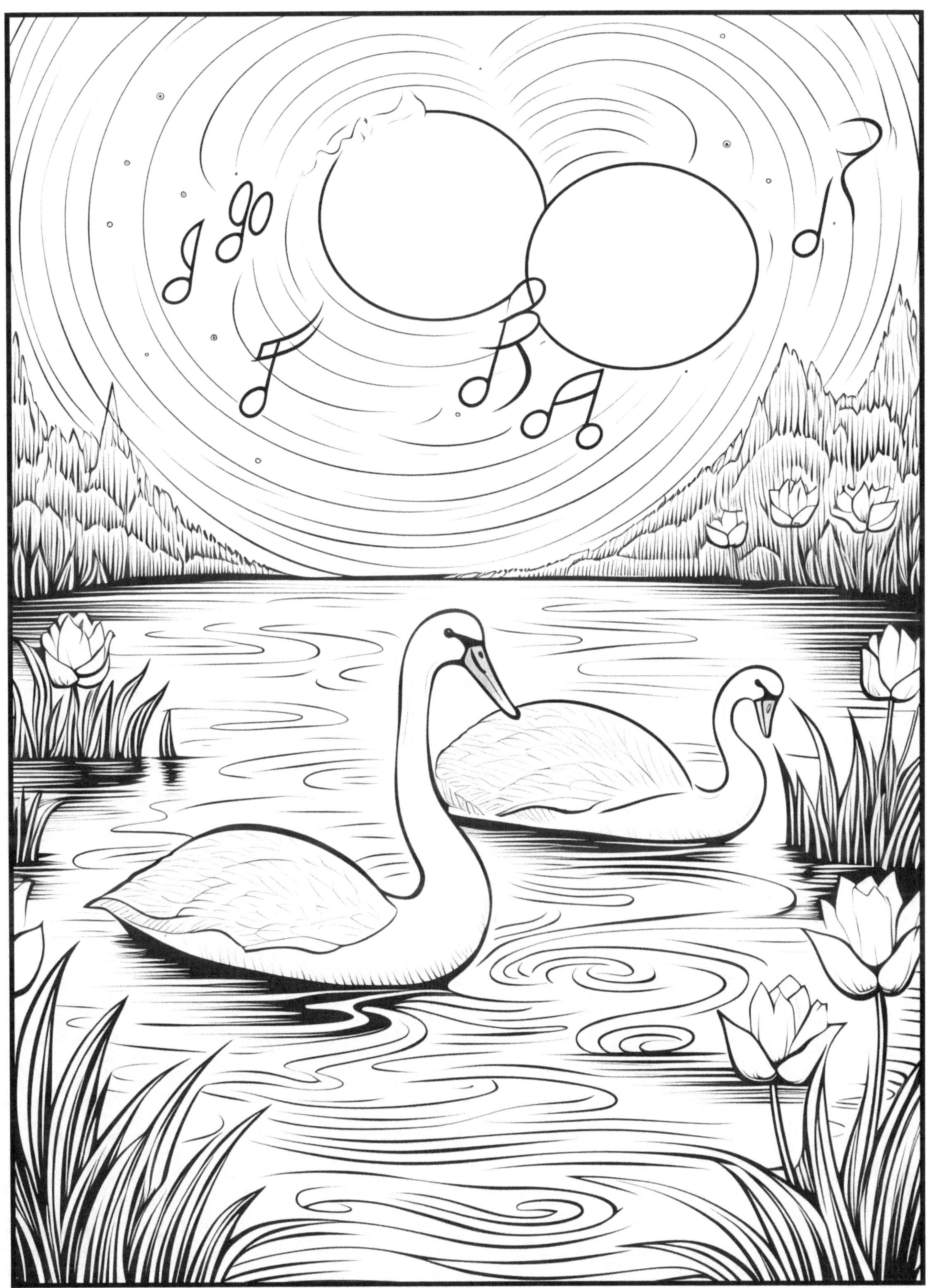

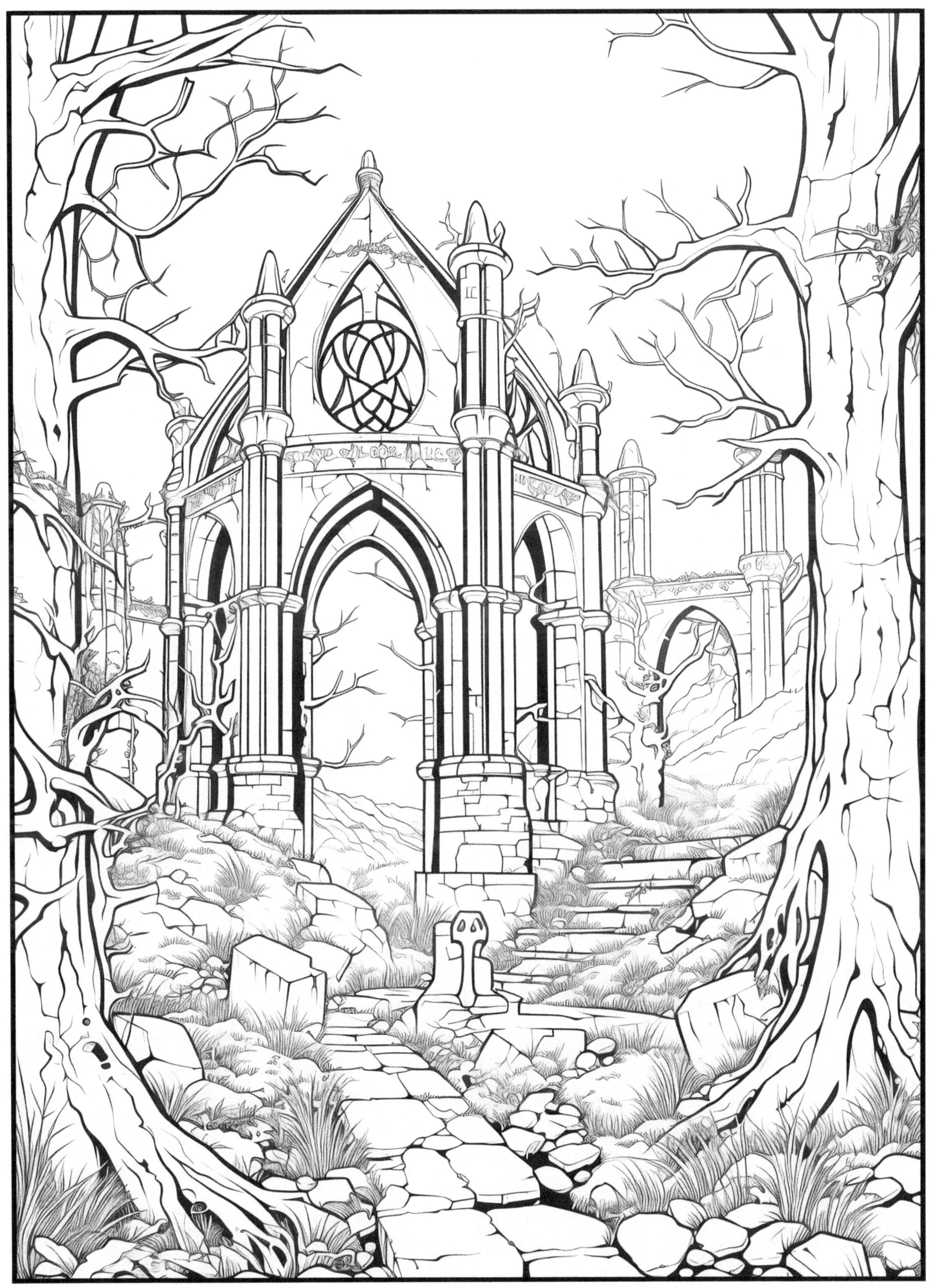

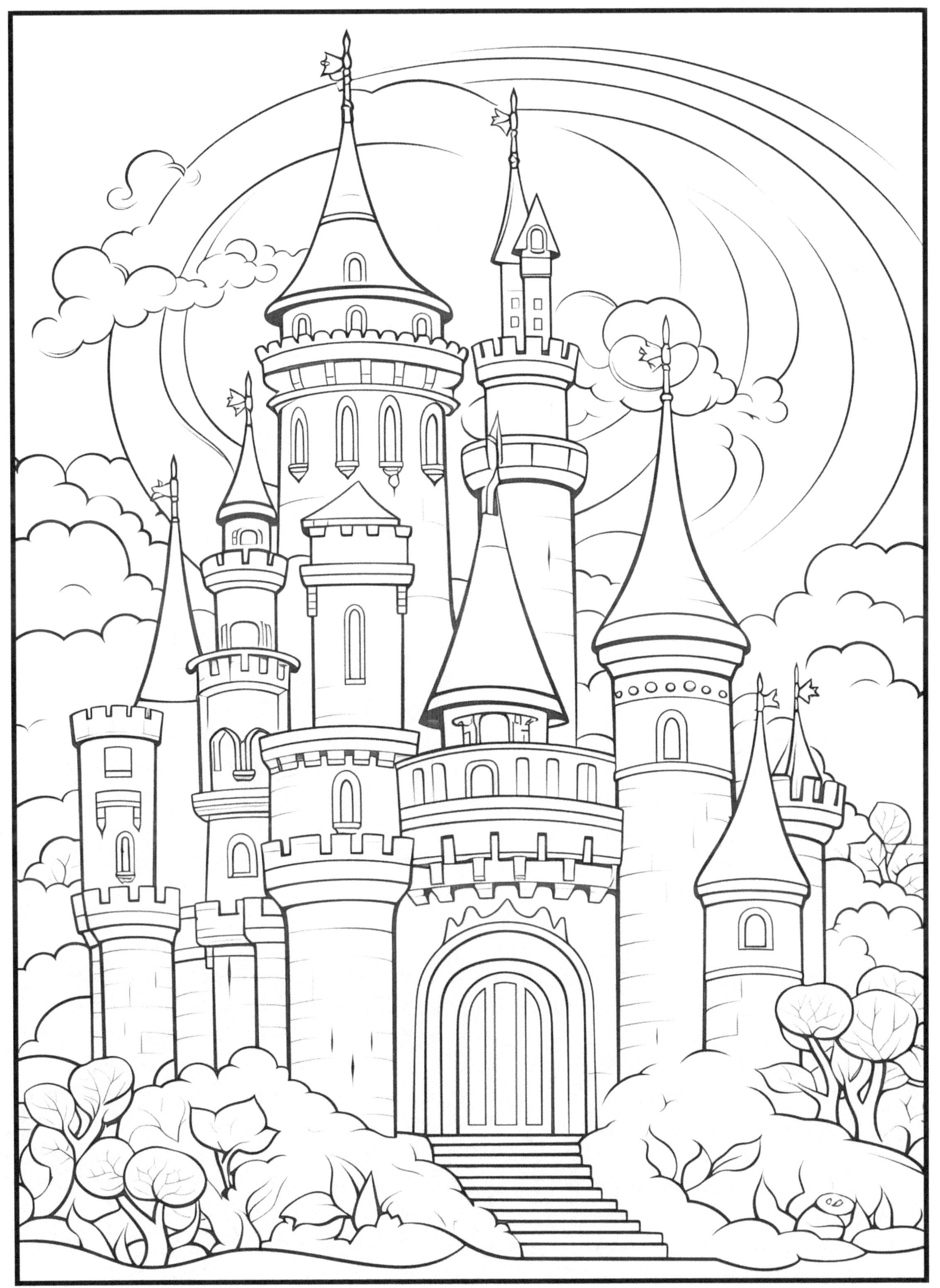

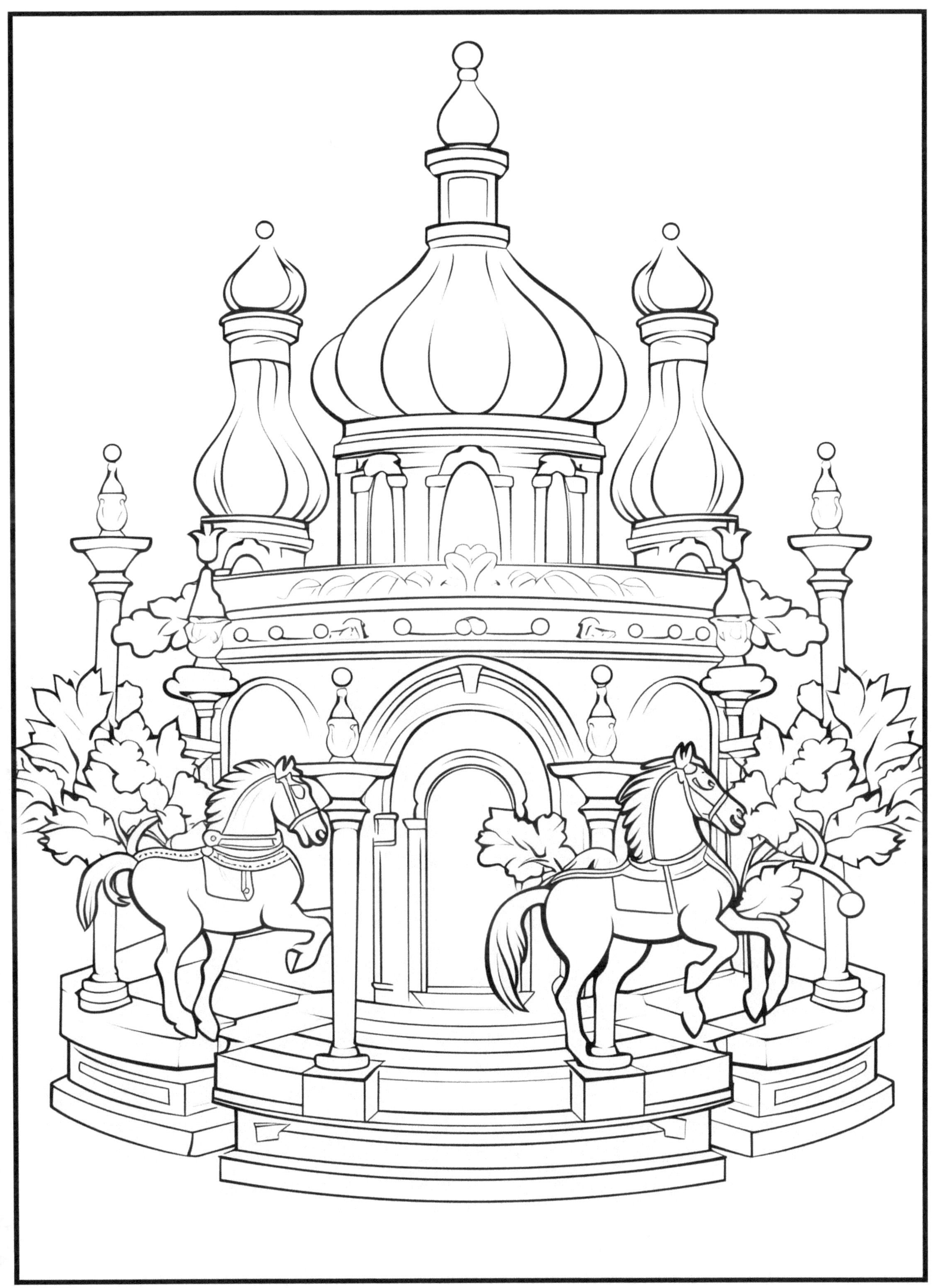

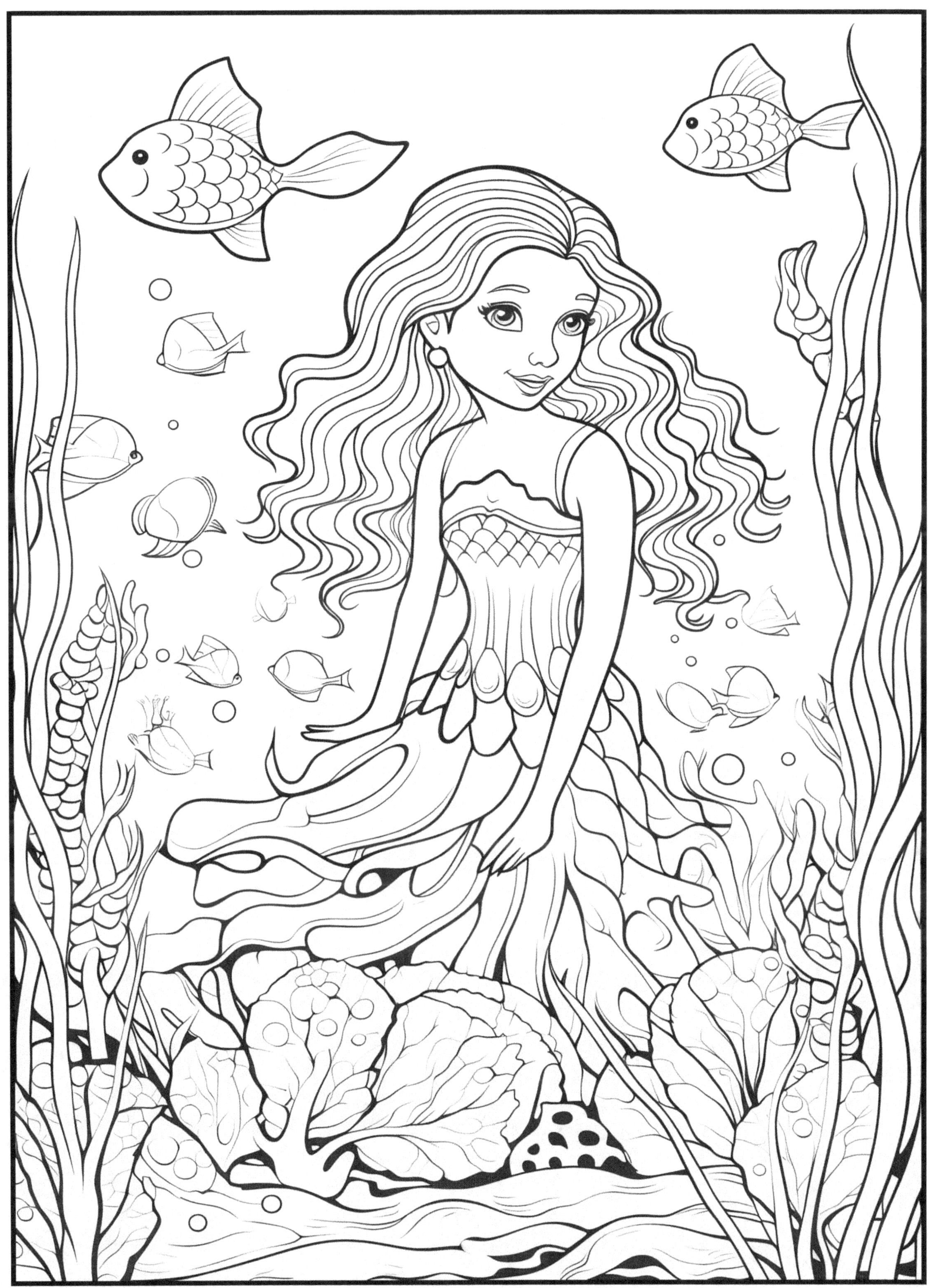

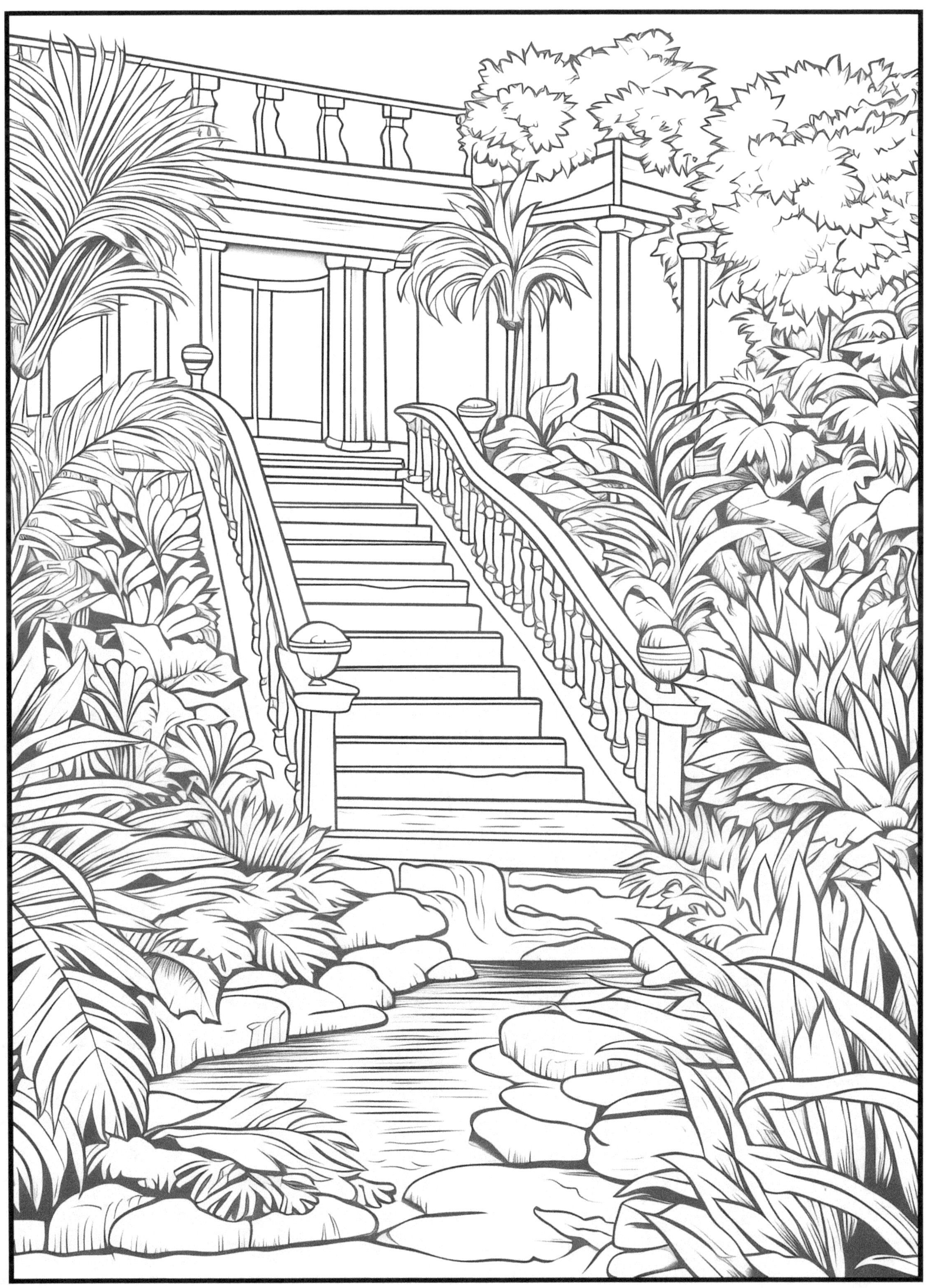

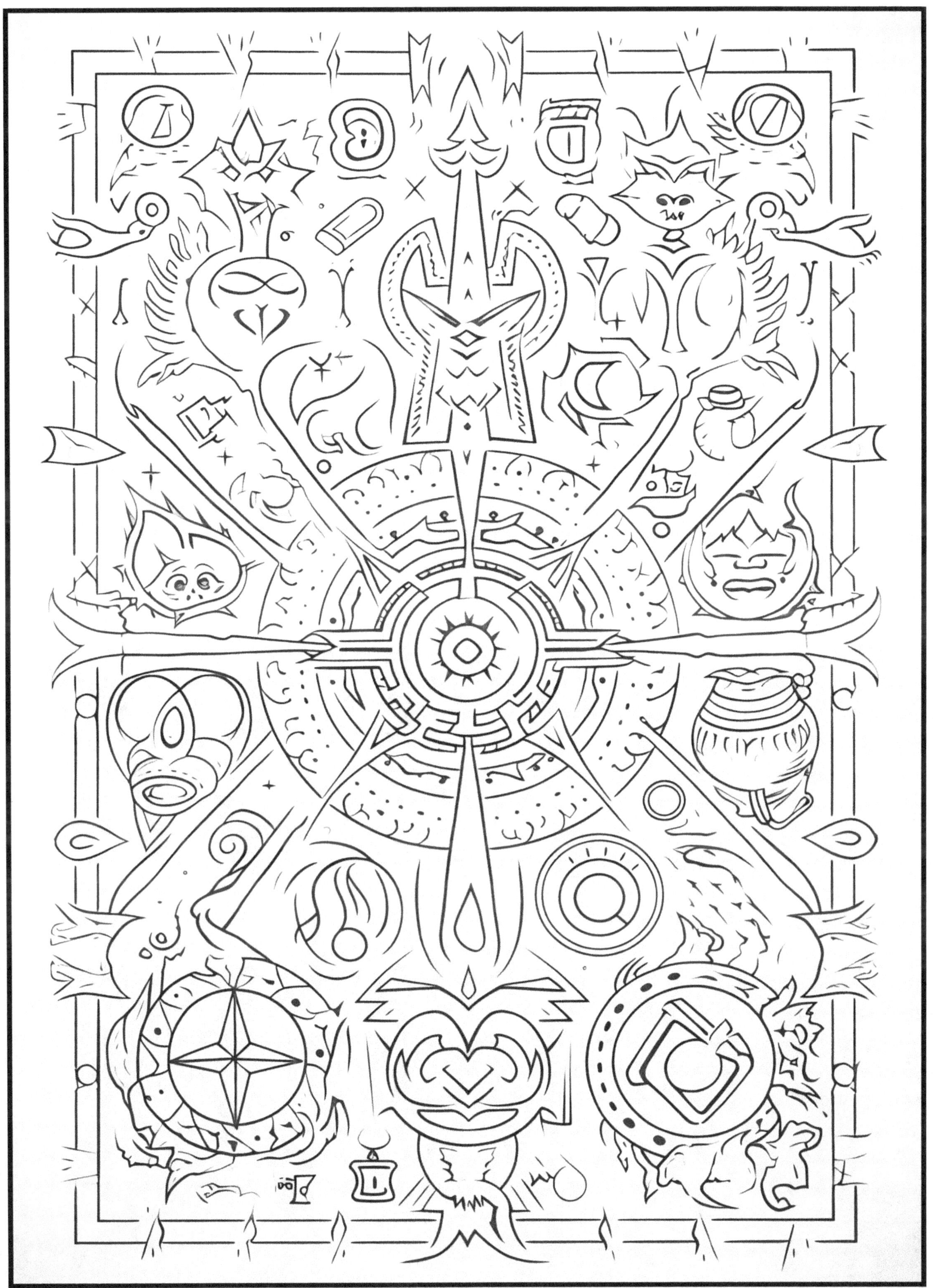

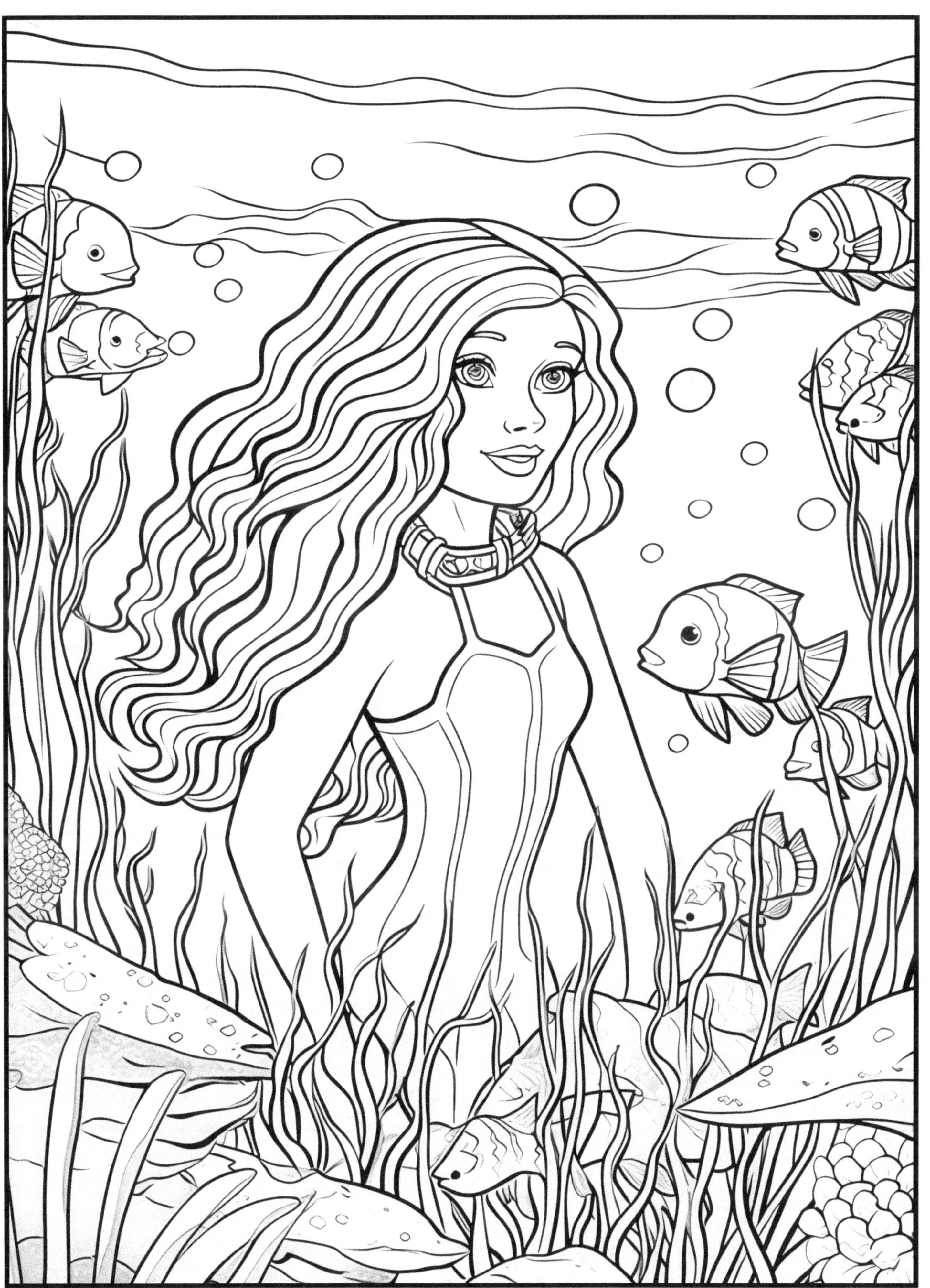

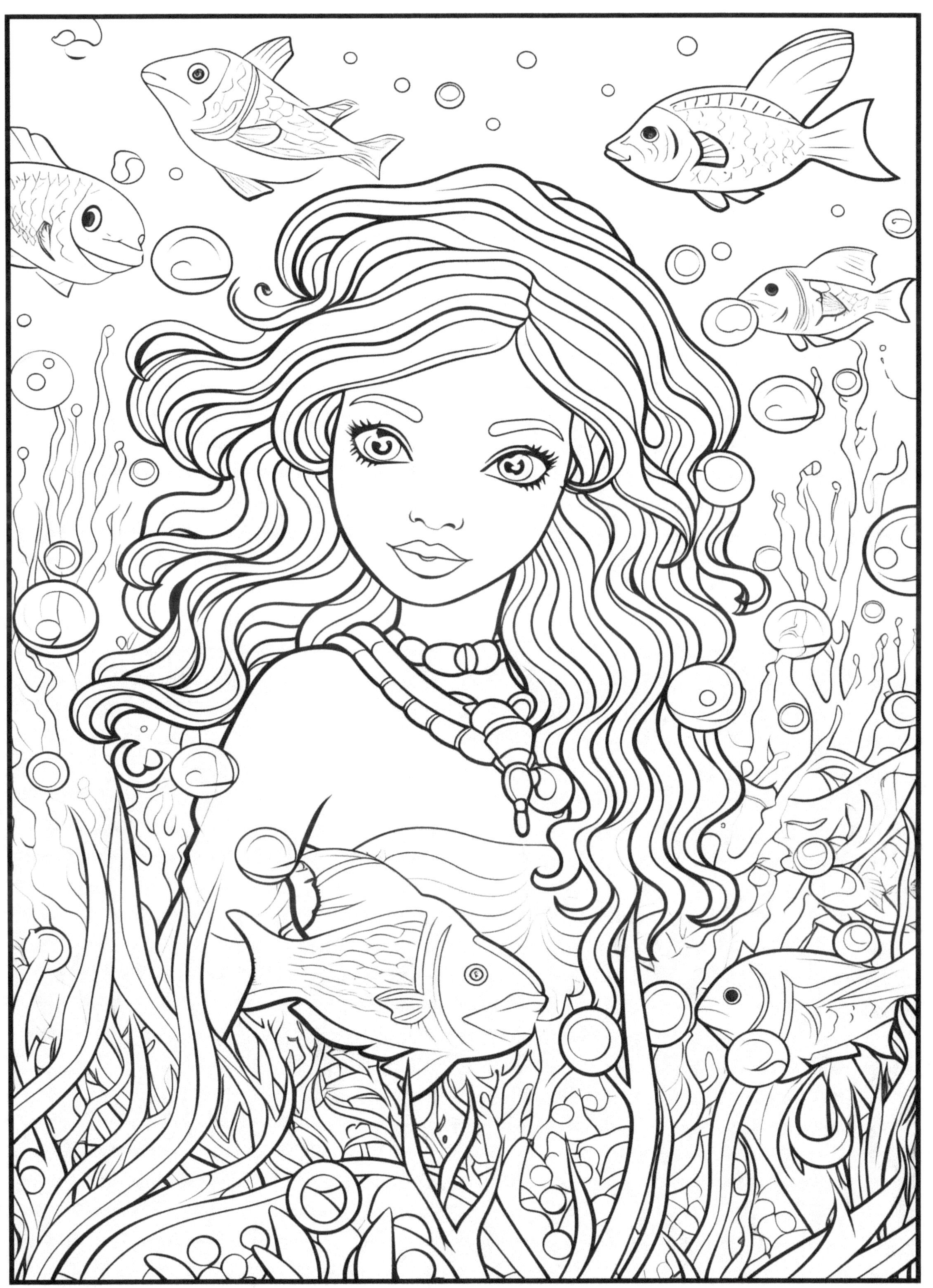

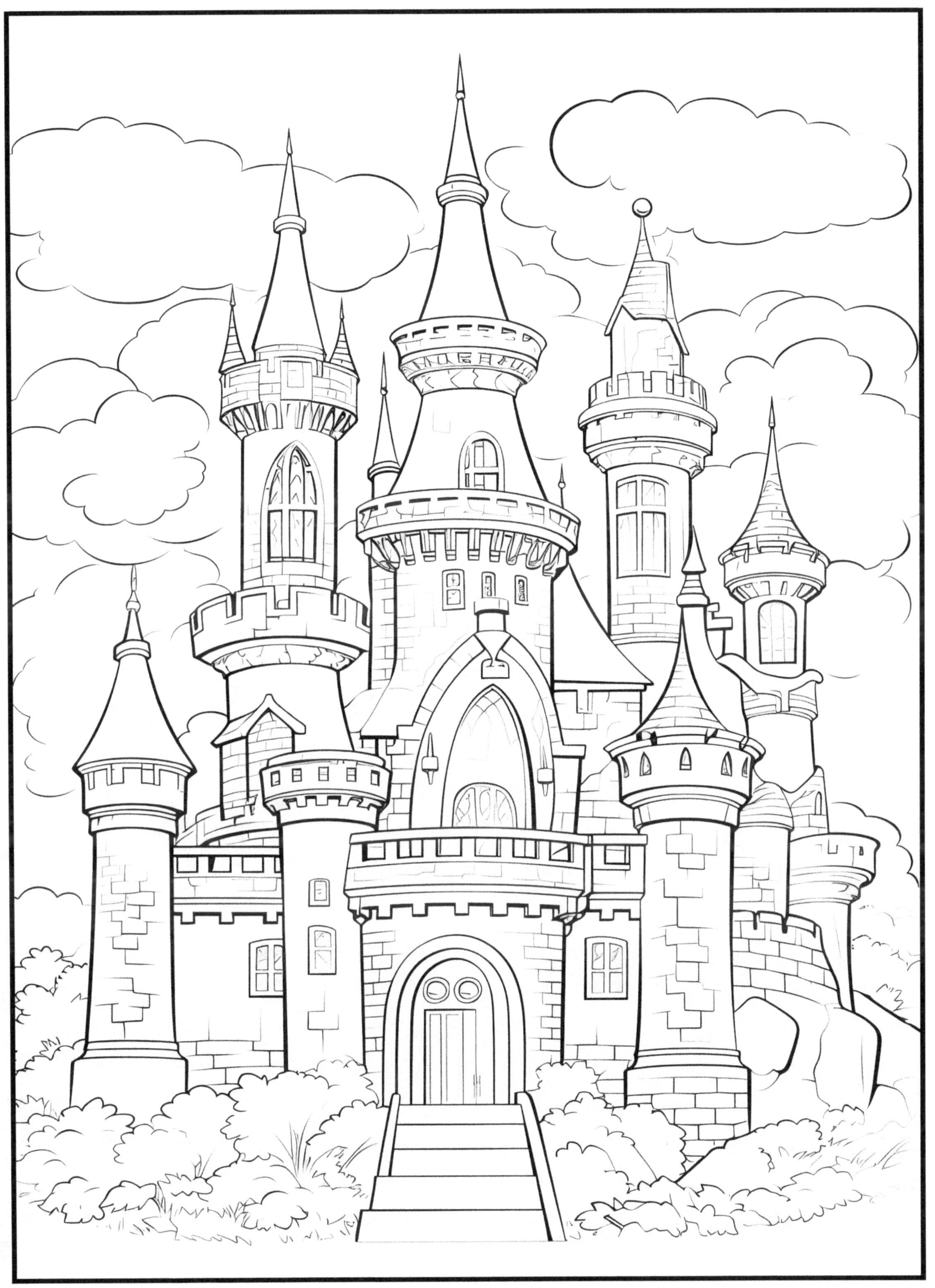

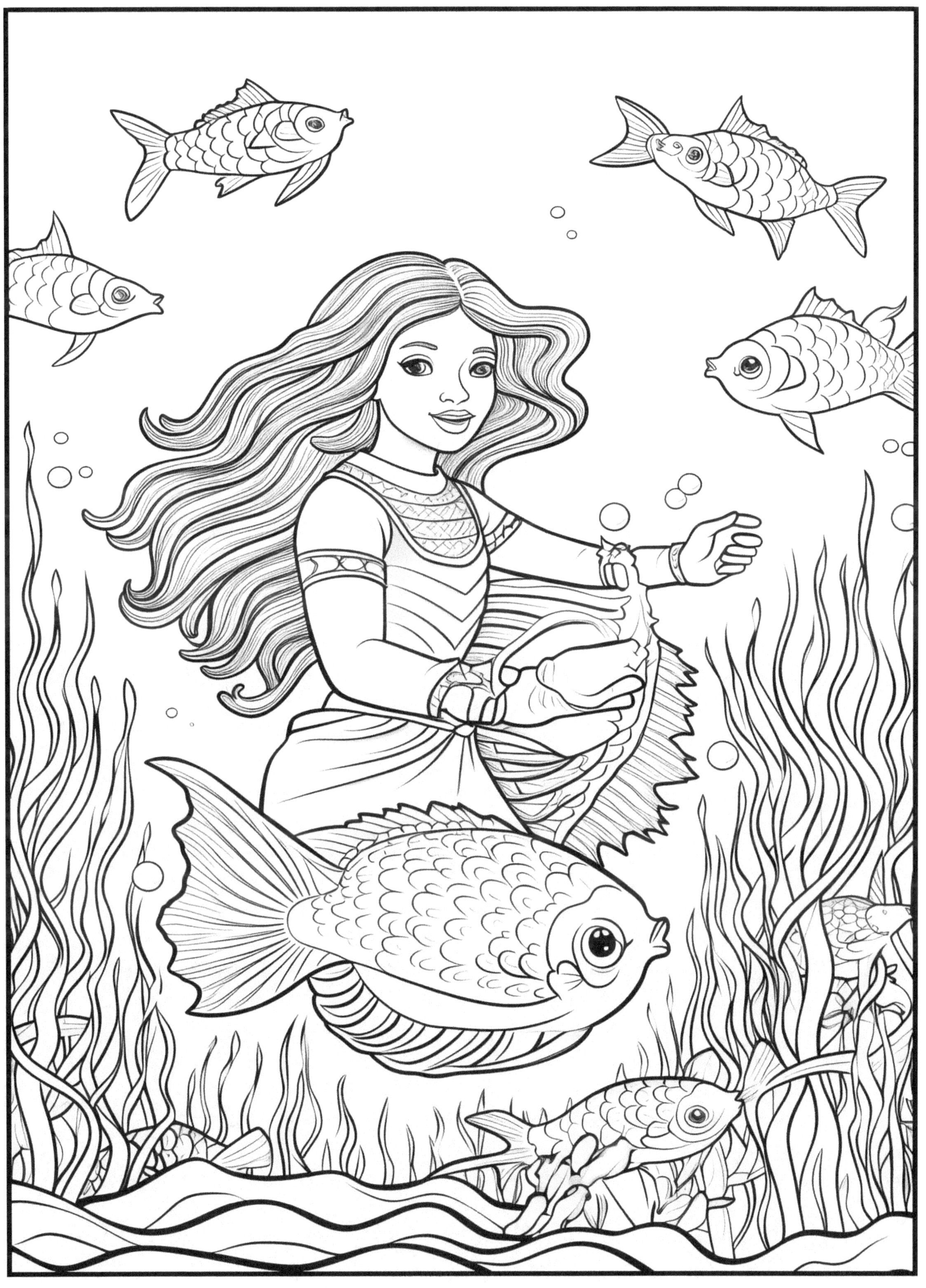

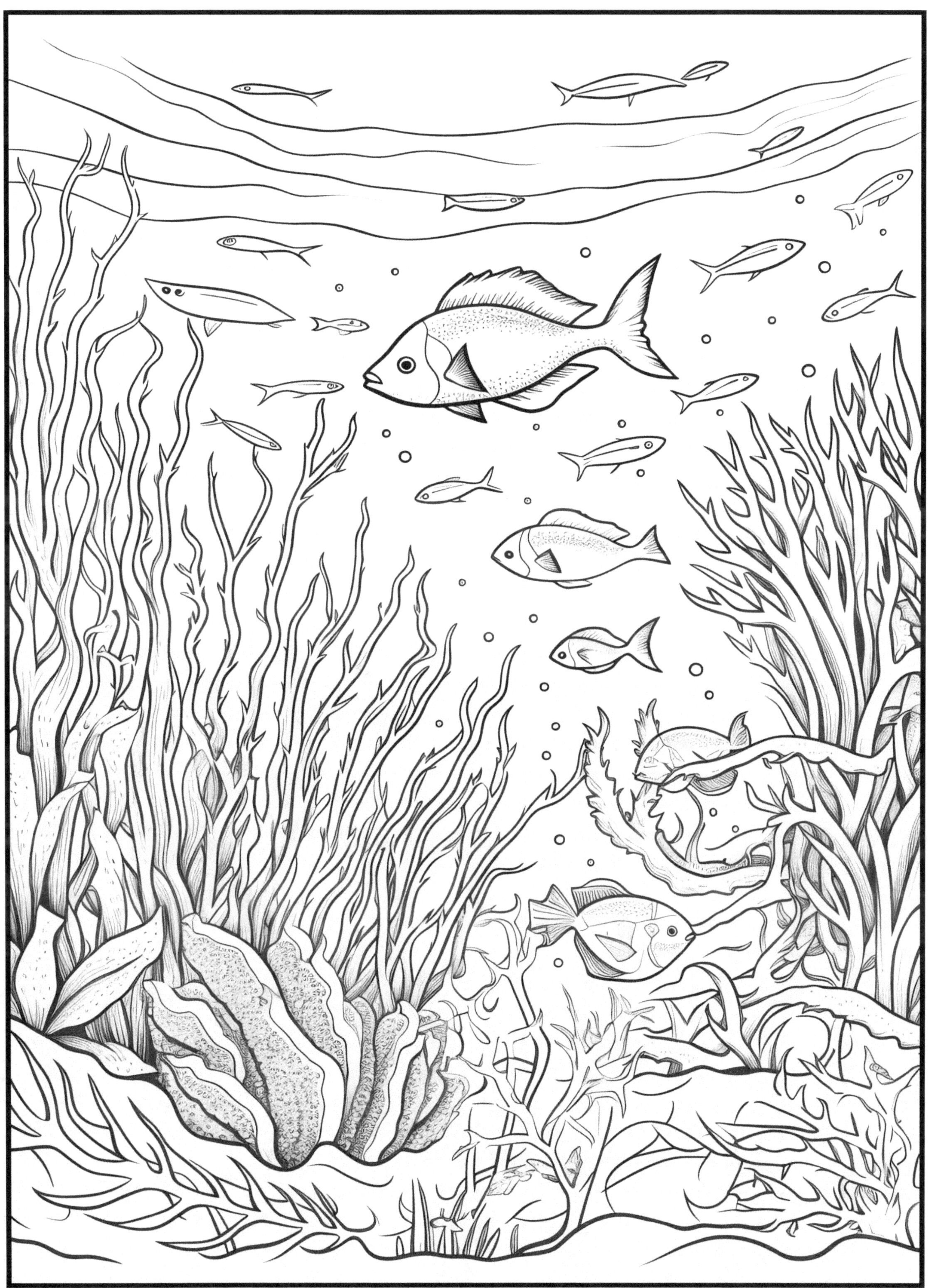

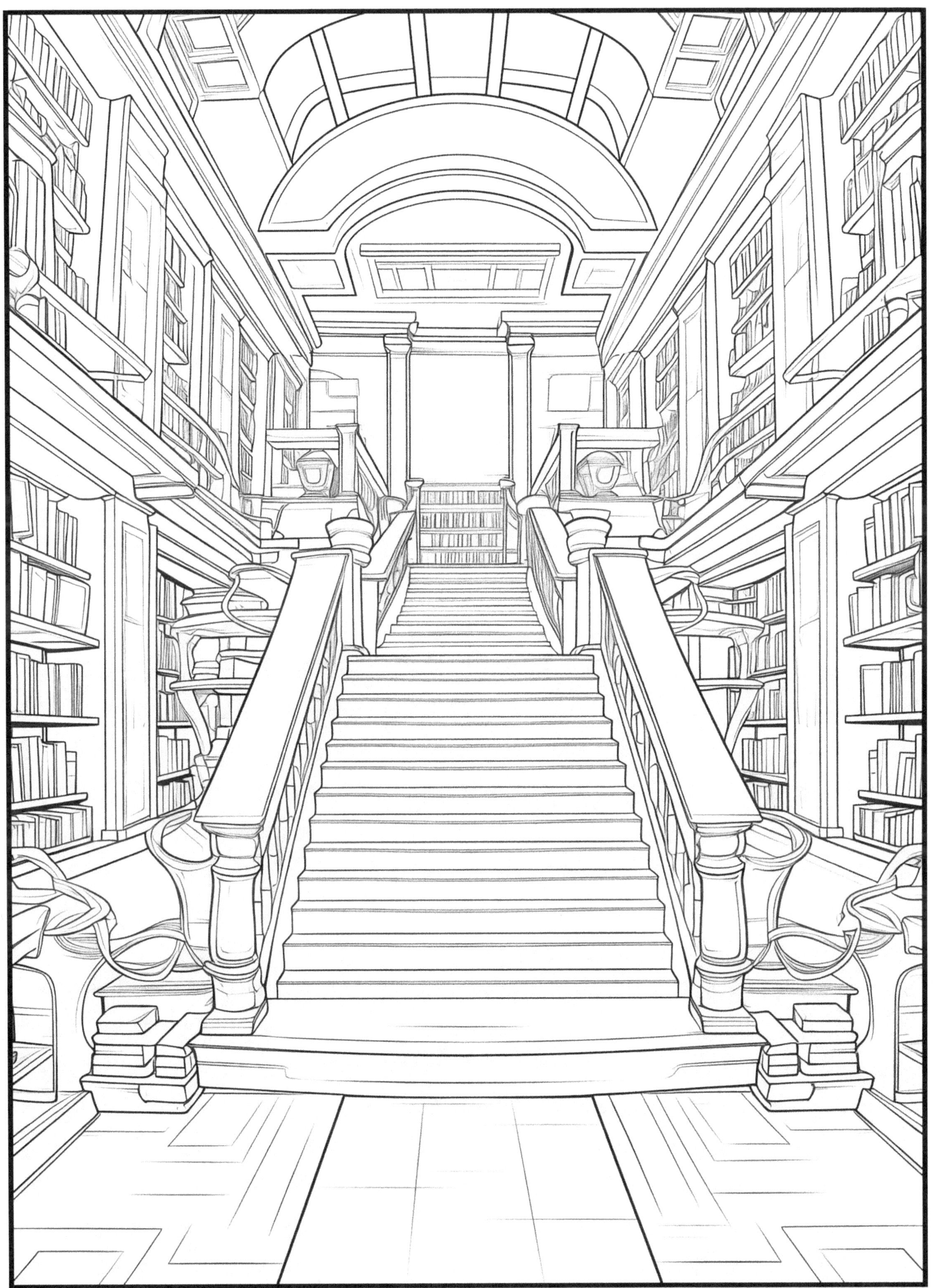

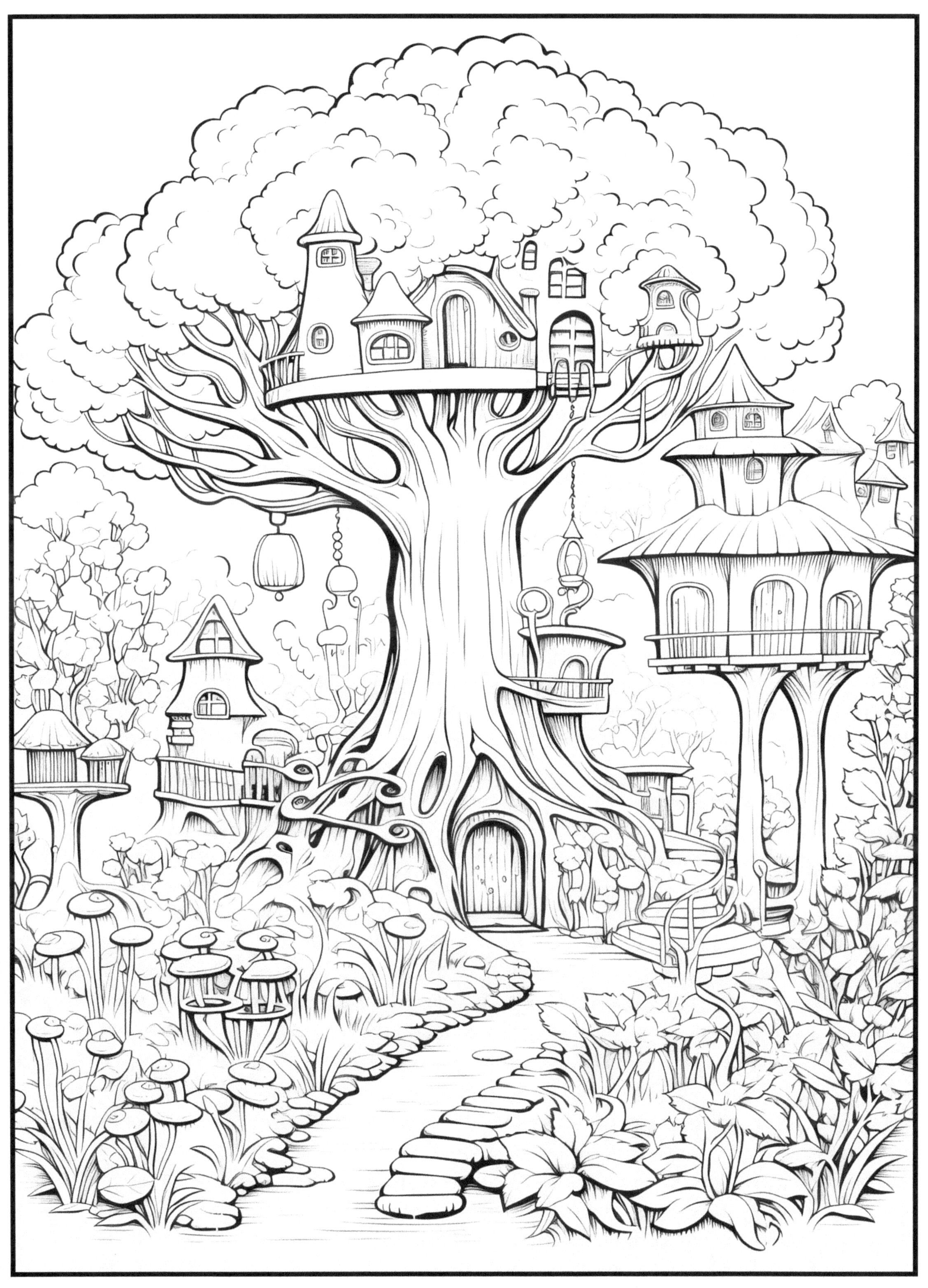

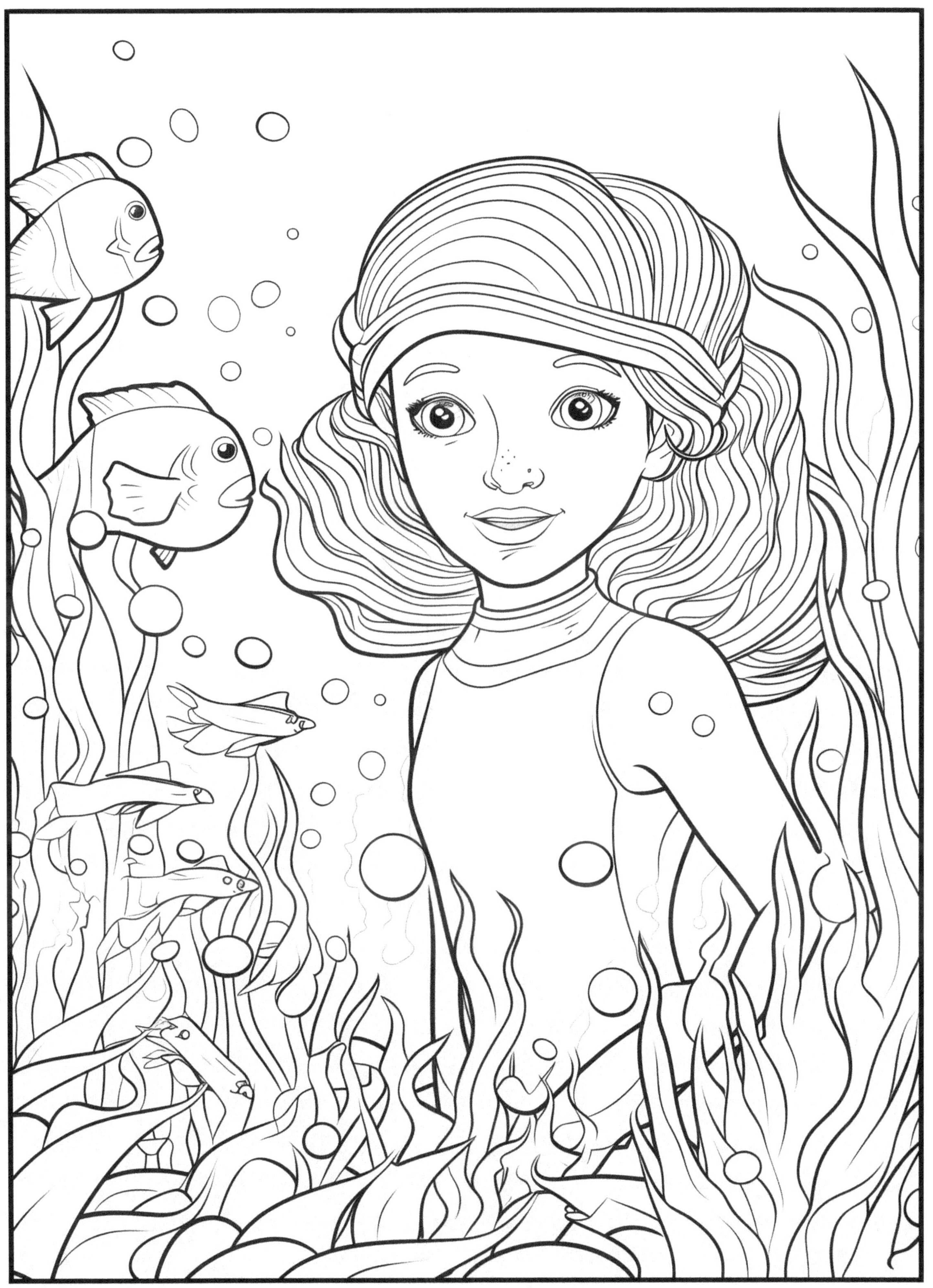

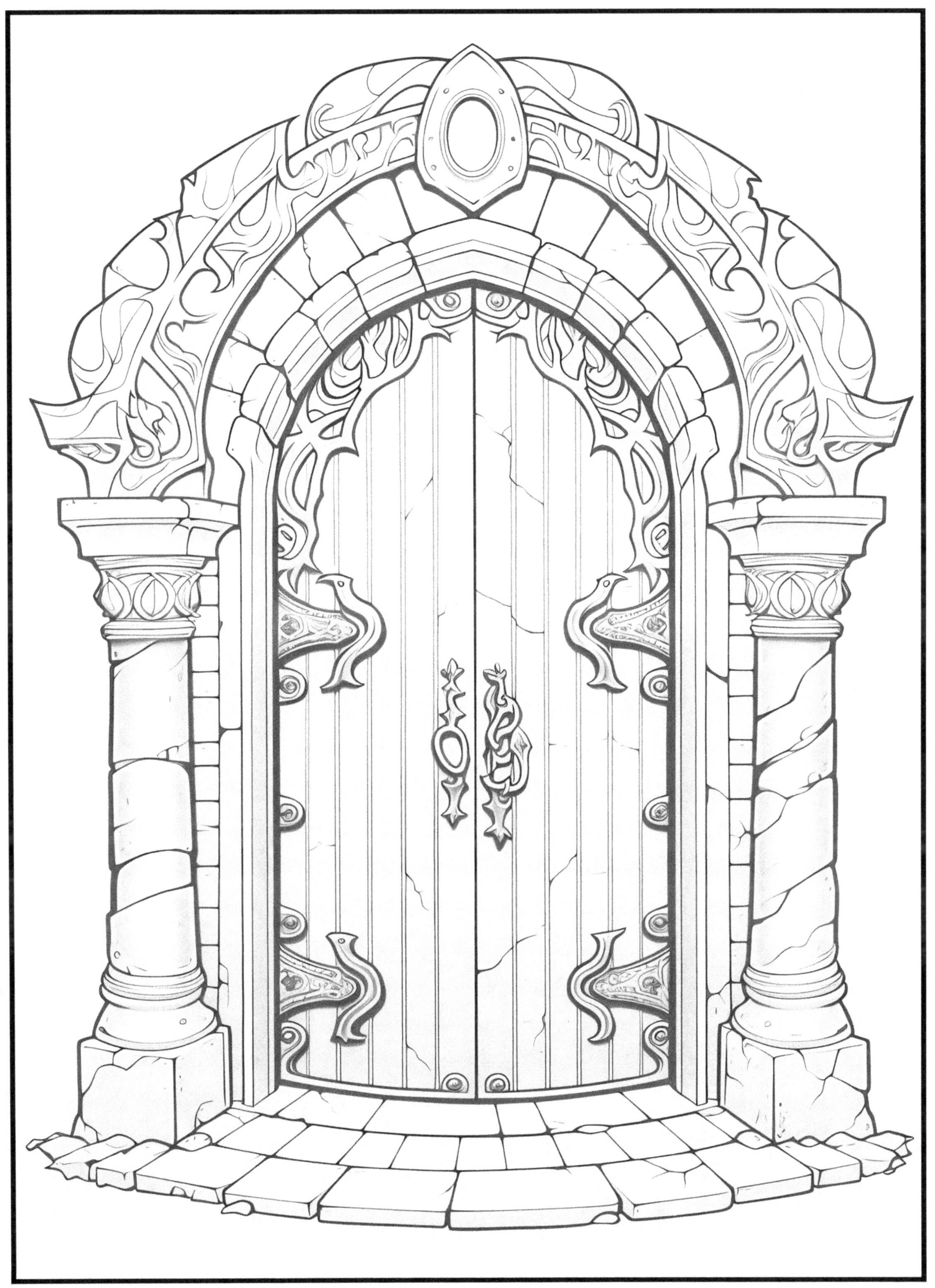

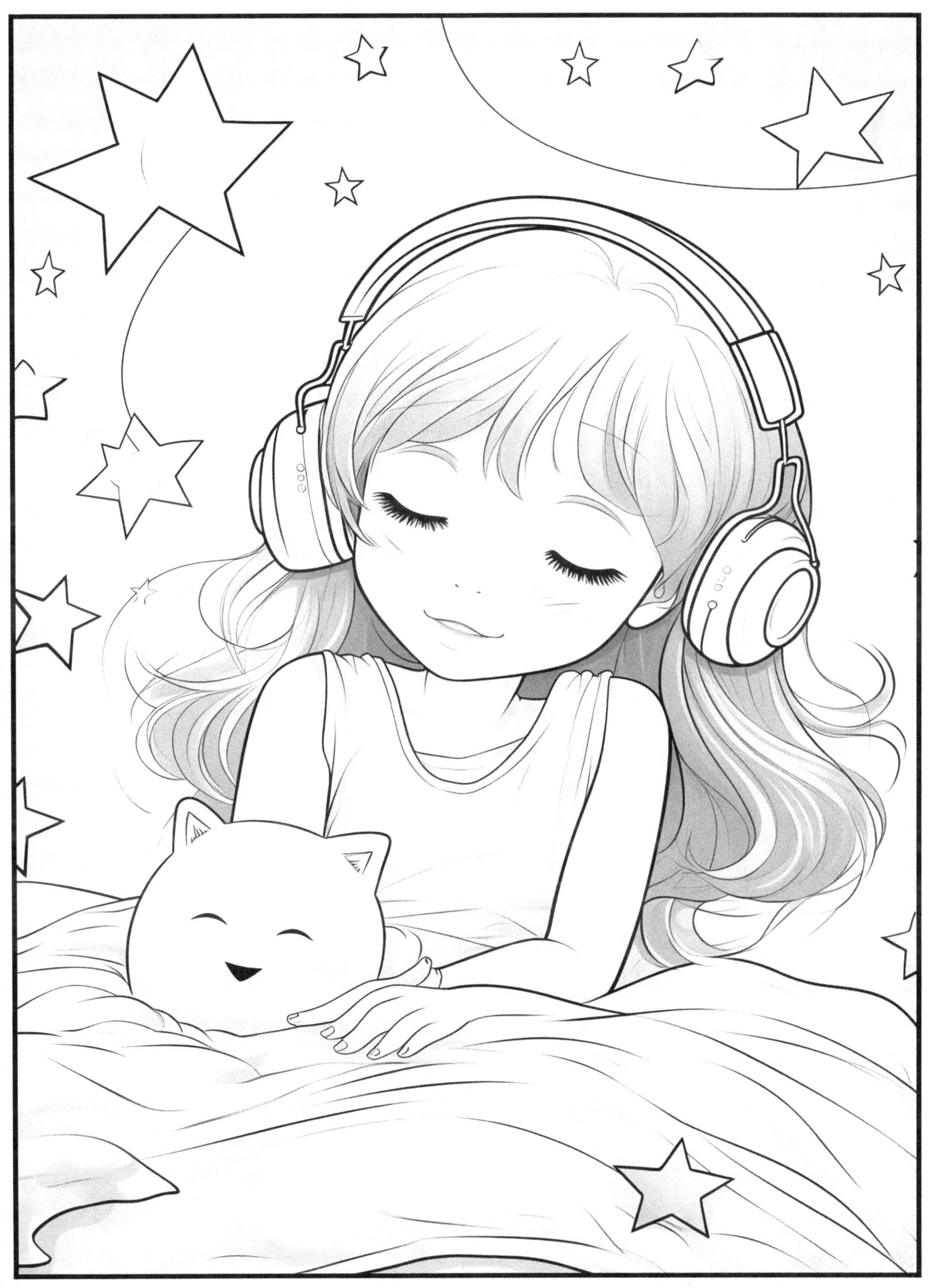

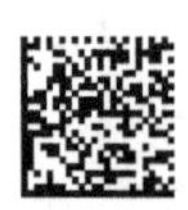